いつか来る「その日」のために　ペットロス

PET LOSS Itsuka kuru "Sonohi" no tameni by ITO Hidenori

Copyright © 2023 ITO Hidenori

All rights reserved.

Original Japanese edition published by Bungeishunju Ltd., in 2023.

Korean translation rights in Korea reserved by Sodam&Tae-il Publishing co., Ltd., under

the license granted by ITO Hidenori, Japan arranged with Bungeishunju Ltd., Japan

through Shinwon Agency Co., Korea.

이 책의 한국어판 저작권은 Shinwon Agency Co.를 통해 ITO Hidenori와의
독점 계약으로 소담출판사에 있습니다. 저작권법에 의해 한국 내에서
보호를 받는 저작물이므로 무단전재와 무단복제를 금합니다.

펫 로스
いつか来る「その日」のために ペットロス

언젠가 찾아올
그날을 위하여

이토 히데노리 지음
김난주 옮김

소담출판사

그때 나는 슈퍼마켓의 정육 매장에 있었다.

주머니에서 휴대전화가 부르르 진동했다. 심장이 오그라드는 듯
했다. 휴대전화 화면에 뜬 아내 이름을 보고서 '때'를 놓쳤다는 것
을 깨달았다.

"당신, 지금 어디야? 민트, 조금 전에 떠난 것 같아."

그 말이 떨어지자마자 손에 든 바구니를 내동댕이치고 달렸다.
하지만 지금 이렇게 달려 봐야 때는 늦었다는 것을 알고는 황급히
계산대로 향했다. 안색이 어지간히 창백했는지 이상하다는 표정
으로 쳐다보는 계산원을 뒤로하고 다시 뛰었다. 집까지 헐레벌떡
뛰어가는 동안에도 눈물 젖은 아내의 말이 머릿속에서 빙빙 맴돌
았다.

"아직 따뜻하니까…… 빨리 와."

2020년 5월 6일, 나는 사랑하는 우리 개를 잃었다. 잡종에 수컷이었고, 이름은 '민트'였다. 19년 5개월을 살았으니, 인간으로 치면 백 살이 넘은 나이니까 천수를 누린 셈이다.

네댓새 전부터 딱딱한 사료는 거의 먹지 못했다. 또 숨을 거두기 전날 밤에는 지병인 간질 발작이 두세 시간 간격으로 빈발해, 민트도 나도 아내도 한숨도 자지 못했다.

그리고 찾아온 '그날'. 민트는 오전 중에도 발작을 일으켰지만, 오후가 되자 다소 진정되는 듯 보였고 그러다 꾸벅꾸벅 졸기 시작했다.

'오늘 밤도 아주 길겠군.'

그렇게 느낀 나는 그 잠깐 사이에 진정제를 받으러 동물 병원에 갔다. 그리고 돌아오는 길에 민트의 식욕을 돋울 만한 것을 찾아볼까 싶어 슈퍼마켓에 들렀던 것이다.

슈퍼마켓에서 집까지는 달려서 5분 거리. 어른이 되고 나서 그렇게 숨이 차도록 달려 본 기억이 없다. 현관을 뛰어넘다시피 거실에 들어선 순간, 쿠션에 누워 있는 민트의 모습이 시야에 날아들었다.

"미안해!"

눈물이 쏟아지면서 그 말이 입에서 그냥 튀어나왔다. 마치 잠든 것처럼 보였지만, 그 눈동자는 빛과 함께 생명도 꺼졌다는 사실을 말해 주고 있었다.

민트가 세상을 떠나는 마지막 순간을 지켜 주지 못했다. 솔직히 충격이 너무 컸다. 20년에 가까운 세월 동안, 우리에게 수많은 행복과 기쁨을 선사해 준 민트에게 고맙다는 작별의 인사조차 못 하는 상황은 상상해 본 적이 없었다.

반려동물을 키우는 사람이라면 누구나 언젠가 찾아올 '그날'을 생각해 볼 것이다. 나도 그랬다. 그런데 정작 '그날'을 맞고 나서야, 충분히 예상하고 있다 여겼던 충격에 실제로는 아무 준비가 되어 있지 않았다는 것을 깨달았다.

민트가 세상을 떠난 지 이틀째 되는 날이었다.

"이런 걸 언제 샀지?"

냉장고를 정리하던 아내가 순무를 손에 들고 중얼거린 말에 그만 눈물이 주르륵 흘렀다.

민트가 점차 식욕을 잃어 가던 때, 반려견을 위한 자연식을 제조해 판매하는 친구에게 물어보니, "순무를 갈아서 한 번 먹여 봐. 식욕이 거의 없어도 간 순무를 먹는 경우는 있더라고" 하던 말이 떠올라 그날 순무를 바구니에 담은 다음 정육 매장으로 발길을 돌렸다. 그리고 '닭 연골을 제일 좋아하는데, 그걸 살까. 아니면 어린 양고기로 변화를 줘 볼까' 하고 생각하는 사이에 민트는 세상을 떠났다. 그 10분 남짓한 시간을 비운 탓에 민트의 마지막 순간을 지키지 못한 것이다.

순무를 보면서 울고 있자니, 그런 기억들이 한꺼번에 떠올랐다.

기억이 떠올라 눈물이 흐른 게 아니라, 몸이 순간적으로 반응해 눈물이 절로 흐르는 경험은 처음이었다.

순무를 보고 훌쩍거리는 마흔 넘은 사내의 모습에 적잖이 당황스러웠다. 울 준비가 전혀 되어 있지 않았던 것이다.

이런 혼란과 당혹스러움이 '펫 로스'의 상태를 의미하는 것이라니, 사전에 예상했던 것과는 전혀 달랐다. 일상생활을 하면서 민트의 부재를 느낄 때마다 허전할 것이라는 상상은 했다. 그러나 내몸과 마음의 반응은 스스로 통제할 수 없을 정도로 격렬해서 때로 두렵기까지 했다.

사단 법인 펫 푸드 협회의 통계에 따르면, 현재 일본에 개는 약 848만 9천 마리, 고양이는 약 964만 4천 마리가 있는 것으로 추산된다고 한다(2020년 10월 시점). 특히 신형 코로나바이러스 감염이 확대된 이후 사람들이 집에 있는 시간이 길어진 탓에, 1년 이내에 반려동물을 새로 키우게 된 경우가 한층 증가했다고 한다.

한편 개의 평균 수명은 14.48세, 고양이의 평균 수명은 15.45세라고 한다. 별로 생각하고 싶지 않지만, 앞으로 15년 이내에 반려동물의 주인은 '펫 로스'에 직면하게 된다는 뜻이다.

'펫 로스'란 과연 어떤 것인가? 그 충격을 완화하는 방법은 있는 것일까? '펫 로스'를 극복하는 일은 실제로 가능한가?

의문이 잇달아 떠올랐다. 인터넷으로 정보를 검색해 보았지만, 나의 의문을 풀어 주는 정보는 그다지 없었다. 그 경험이 이 책의 출발점이 되었다.

제4장 펫 로스에 관한 설문 조사 45인의 이야기

제5장 마지막 '준비'는 '이별의 의식'

제6장 반려동물을 잃으면 꽃으로 장식하자

제7장 미국 '펫 로스'의 최전선

제8장 탤런트 가미누마 에미코 씨의 경우

제9장 배우 단 미쓰 씨의 경우

제10장 슬픔을 다독일 방법은 있는가?

제11장 새로운 반려동물을 맞는다

제1장

'펫 로스'란
무엇인가?

‘펫 로스’에 관한 책을 쓰기 시작했지만, ‘펫 로스’라는 말 자체에는 개인적으로 거부감이 있다. 나뿐만 아니라, 이 책을 쓰기 위해 취재한 반려동물을 잃은 사람들 역시 ‘펫 로스’라는 말을 좋아하지 않는다고 대답한 경우가 적지 않았다.

그 이유는 한마디로 이렇다.

반려동물을 잃고 자신이 받은 충격에 비해 그 말이 너무 ‘가볍게’ 느껴지기 때문이다. 반려동물을 잃은 날을 경계로 일상이 완전히 뒤바뀔 만큼 충격이 컸는데, 그 상황을 가리키는 말은 너무도 객관적이고 일반화되어 있다는 것이다. 반려동물과 그 주인이 함께하면서 쌓아 온 이야기는 이 세상에 딱 하나밖에 없는 것인데, 그 이야기가 끝난 순간 세상에서는 ‘펫 로스’라는 무미건조하고 획일적인 이미지로 치부해 버리고 만다. 그런 세태가 납득이 가지 않는 것이다.

그런데 실은 이 부분이 '펫 로스'에 대한 의견의 갈림길이기도 하다.

반려동물을 키우던 사람 입장에서 사랑하는 반려동물을 잃은 슬픔은 가족이나 친구 등 소중한 존재를 잃은 슬픔과 조금도 다르지 않다. 그러나 가족이나 친구를 잃은 상황을 '휴먼 로스'라는 말로 표현하지는 않는다. 왜냐하면 남아 있는 사람과 죽은 사람 사이의 이야기와 관계성의 무게가 그런 표현이 파고들 여지를 주지 않기 때문이다.

사실 반려동물과 인간의 관계도 그렇다. 그런데도 '펫 로스'라는 말이 이렇듯 일반적으로 확대된 것은 반려동물을 잃은 주인이 초췌해 보이리만큼 슬퍼하는 상황이 주위 사람들에게는 '뭐라 말할 수 없이 이해하기 어려운 상황'으로 보이기 때문인지도 모른다. 좀 더 쉽게 말해서 '펫 로스'라는 말에는 '반려동물이 죽은 것 가지고 저 정도로 슬퍼하다니……' 하는 주위의 시선이 깔려 있지 않나 싶다.

이런 부분을 전제하면서까지 이 책에서 굳이 '펫 로스'라는 말을 사용하는 점, 너른 양해 바란다.

'펫 로스'의 정의

'펫 로스'라는 말은 어떻게 정의되어야 할까?

"저는 '펫 로스'라는 말을 반려동물을 잃었을 때 주인이 느끼는 깊은 슬픔에서 회복에 이르는 전 과정이라고 정의하고 싶네요."

이는 펫 로스에 관해 저명한 학자, 데이쿄 과학대학의 하마노 사요코 교수(취재 당시의 직함. 현재는 일본 수의생명과학대학 교수)가 한 말이다. 반려동물을 잃은 직후에 깊은 슬픔과 고독감, 후회와 죄책감 등의 감정을 느끼는 것은 자연스러운 반응이다. 문제는 그 기간이 길어져 정신적인 혼란을 겪거나 수면 장애와 소화 장애, 식욕 이상, 두통 등의 신체 증상이 나타나고, 나아가 아무 의욕이 없는 무기력 상태가 지속되는 경우이다.

학술적인 자리에서 '펫 로스'가 논의되기 시작한 것은 1977년, 영국의 정신과 의사 케디가 애견을 잃고 병적인 비탄 상태에 빠진 세 가지 사례를 발표한 때라고 한다. 케디는 반려동물을 잃은 후의 비탄은 소중한 사람을 잃었을 때의 반응과 유사하다고 지적했다 (Keddie, K. M. 〈Pathological mourning after the death of a domestic pet〉).

"정신의학에서 자신에게 소중한 것을 잃은 상태를 전문용어로 '대상 상실'이라고 하는데, 펫 로스 역시 대상 상실의 하나라고 할 수 있죠."(하마노 씨)

일본의 미디어에 '펫 로스'라는 말이 처음 등장한 것은 1996년경이다.

각종 신문을 검색해 확인한 결과, '펫 로스'라는 말이 사용된 가장 오래된 기사는 1996년 7월 11일 자 요미우리 신문에 실렸다. 〈펫 로스, 사랑하던 개와 고양이의 죽음, 병증 심각, 극복에 주위의 이해가 필요〉라는 제목하에 다음과 같은 내용이 이어진다.

"석 달이나 앓아누웠다", "부모님의 죽음보다 충격이 컸다" — 사랑하는 개나 고양이와 죽음으로 이별한 탓에 심각한 병증을 보이는 사람들이 증가하고 있다. 전문가가 '펫 로스'라고 지칭하는 현상인데, 이를 극복하기 위해서는 수의사 등 전문가의 적절한 조치와 상담, 주위의 적극적인 이해가 필요하다.

기사는 이어서 10년 이상 함께 산 개 두 마리를 잇달아 잃은 주인이 식욕 부진으로 체중이 8킬로그램이나 준 사례와 일본 수의축산대학(현 일본 수의생명과학대학)에서 개최된 펫 로스에 관한 심포지엄 등을 소개하고, 앞으로 펫 로스가 사회적인 문제가 될 가능성이 있다고 지적했다.

그리고 마지막에는 "누구나 펫 로스에 대해 인지하고, 이것이 정상적인 반응이라고 인식할 수 있기를 바란다. 그래야 반려동물을 잃은 주인도 다소 마음이 편해질 수 있을 것"이라는 수의사이며 심리 치료사인 요시다 지후미 씨의 말을 인용했다.

　25년도 더 지난 기사인데, 펫 로스에 관한 문제가 상당히 적절하고 정확하게 정리되어 있고 현재에도 적용되는 내용이라 좀 놀랐다. 뒤집어 말하면, 이 기사로부터 25년 이상 지난 지금도 상황이 달라지지 않았으며, 펫 로스에 대한 세상 사람들의 이해도 별 진전이 없다는 뜻이 될지도 모르겠다.

　그렇다면 현재 '펫 로스'라는 말은 우리의 일상에 얼마나 보급되어 있을까.

　아이펫 손해보험 주식회사(반려동물 보험 회사)가 인터넷을 통해 894명의 남녀를 대상으로 실시한 〈펫 로스에 관한 조사〉(2017년)의 결과는 이렇다.

　　① '펫 로스'라는 말을 들은 적이 있다.　　　　　　　　48.7%
　　② '펫 로스'라는 말을 들은 적이 있고, 의미도 알고 있다.　31.3%
　　③ '펫 로스'라는 말을 들은 적이 없다.　　　　　　　　20.0%

　①과 ②를 합해 약 80%이다. 하지만 20%는 '펫 로스'라는 말조차 들어 본 적이 없다.

　이 조사에는 펫 로스로 인한 심신의 구체적인 반응에 관한 질문도 있었는데, 그 결과는 이렇다(중복 답변 가능).

① 불쑥불쑥 슬퍼지고 눈물이 계속 흘렀다.	60.3%
② 피로감, 허탈감, 무기력, 현기증을 느꼈다.	32.6%
③ 식욕부진, 과식 등의 증상이 있었다.	13.2%
④ 잠을 잘 수 없었다.	12.0%
⑤ 환각, 환상, 망각 등의 증상이 있었다.	7.4%
⑥ 밖에 나갈 수 없었다.	5.0%

이 외에 반려동물을 잃은 후에 직장을 쉬었다는 대답도 있었다.

연간 약 36만의 '펫 로스' 대기군

그렇다면 현재는 얼마나 많은 사람들이 펫 로스로 고통을 겪고 있을까.

이에 관한 통계 조사는 아직 이루어지지 않았지만, 야마자키 동물간호대학의 기무라 유야 교수는 어느 정도 추산할 수 있다고 말했다.

"일반 사단 법인 펫 푸드 협회가 매년 발표하는 전국 견묘 사육 실태 조사의 숫자로 연간 몇 마리의 개와 고양이가 죽는지 대략 추산할 수 있습니다."

이 통계 조사의 결과를 바탕으로 매년 개와 고양이 사육 두수의

증감과 신규 사육 두수의 추이를 살펴보면, 연간 사망하는 개와 고양이의 숫자를 대략 추산할 수 있다는 얘기다.

"예를 들어서, 2017년부터 2018년에 걸쳐 개는 신규 사육 두수가 36만 마리였지만, 개의 총수는 6만 6천 마리 감소했습니다. 따라서 새로 키우게 된 숫자보다 사망한 숫자가 웃도는 것이죠. 단순하게 계산하면 신규 사육 두수인 36만 마리와 총수에서 감소분을 합한 42만 6천 마리가 사망했다고 볼 수 있겠죠. 고양이의 경우는 신규 사육 두수가 35만 1천 마리, 총수는 17만 7천 마리 증가했습니다. 따라서 앞의 숫자에서 뒤의 숫자를 뺀 17만 4천이 사망한 숫자라고 볼 수 있겠죠. 개와 고양이를 합하면 연간 약 60만 마리의 개와 고양이가 죽었다는 계산이 나옵니다. 이렇게 해마다 산출한 '견묘 사망수'를 평균하면 연간 약 87만 9500마리가 됩니다. 물론 이는 추산에 불과하지만, 참고할 수 있는 추정치라고 생각합니다."

가령 연간 약 88만 마리의 개와 고양이가 사망한다면, 그 주인들 가운데 몇 퍼센트가 펫 로스로 고통을 겪을까.

이에 대해 역시 기무라 씨가 2016년에 발표한 논문 '펫 로스에 따르는 사별 반응에서 의사의 개입을 요하는 정신 질환을 앓는 주인의 비율'이 참고가 될 듯하다. 이 논문에는 동물 화장 시설 이용자를 대상으로 '펫 로스'에 관해 추적 조사한 결과가 실려 있다.

정신 건강 상태를 가늠하는 '자다가 밤중에 눈을 뜬 적이 있는가', '차라리 죽고 싶다고 생각한 적이 있는가' 등 28항목의 질문 사항에 대해 '① 전혀 없었다 ② 별로 없었다 ③ 있었다 ④ 간혹 있었다' 네 가지로 대답하게 되어 있는데 결과는 사별 직후 59.5%, 두 달 후 56.7%, 넉 달 후 40.7%가 매우 심각한 정신 상태에 있어, '의사의 개입을 요하는 정신 질환' 위험군으로 판정되었다.

"조사 당시의 우울증 진단 기준DSM-IV-TR에 따라, 친근한 인물과 사별한 후 두 달이 지나도록 수면 장애 등의 사별 반응이 계속되는 경우, 의학적인 진단과 치료를 요하는 정신 질환의 가능성이 높다고 판단했는데요. 넉 달이 지나도록 심각한 정신 상태에 있는 40.7퍼센트의 사람은, 대상이 인간이냐 동물이냐의 차이는 있을지언정, 우울증 상태에 있을 가능성이 높은 것이죠."

다시 말해서 연간 약 88만 마리의 개와 고양이가 사망하고, 그 가운데 약 40퍼센트의 주인들이 심각한 펫 로스로 인한 정신 질환을 앓고 있다고 볼 수 있다.

"연간 약 36만 명이 펫 로스로 고통을 겪고 있다는 계산이죠. 물론 2016년의 조사 자체가 조사 대상 인원이 적은 탓에 추정치로서의 가치는 떨어집니다. 신뢰구간을 고려해 대략 19만 7천에서 53만 8천 명 사이 정도라고 보면 되지 않을까 합니다."

'펫 로스'는 병이 아니다

일본 의사회의 기관지에서는 '반려동물을 잃는 것'을 '펫 로스', '펫 로스로 인한 충격에 따른 정신적, 신체적 증상'을 '펫 로스 증후군Pet loss syndrome'으로 구별하는데, 기무라 씨에 따르면 '펫 로스 증후군'은 일본의 독자적인 용어라고 한다.

"외국에서는 반려동물을 잃은 슬픔을 그리프grief, 그에 따른 심신의 반응을 브리브먼트 리액션bereavement reaction으로 표현합니다. 흥미로운 점은 기독교 국가권에서는 예후가 좋지 않은 반려동물을 안락사시키는 것이 일반적이라서 우리 눈에는 냉정하게 보일 수 있는데, 반면 반려동물을 잃은 사람이 슬퍼하는 것은 당연하다는 정서가 보편적입니다. 우리는 반대로 '반려동물 하나 죽은 정도로 뭘 그리 슬퍼하느냐' 하는 시선이 있기 때문에 '증후군'이라는 말이 붙지 않았을까요. 반려동물을 잃고 "저도 펫 로스 증후군일까요?" 하면서 괴로워하는 주인에게 우리는 "반려동물을 잃고 슬퍼하는 건 당연한 일입니다" 하고 말합니다. 매스컴에서 '펫 로스 증후군'이라는 말을 언급한 탓에 유독 일본에서 간과되는 경향이 심했던 심리적 반응에 관심이 쏠린 것은 다행한 일이지만, 증후군이라는 용어 탓에 원래는 자연스러운 심리적 반응이 비정상적인 증상 같은 인상을 주는 것은 문제라고 해야겠죠."

앞에서 소개한 하마노 씨 역시 이렇게 말했다.

"펫 로스로 인한 증상은 병이 아닙니다. 그 점을 오해하면 안 되죠. 소중한 존재를 잃었다는 의미에서는 가족이나 친구를 잃은 것이나 다름없습니다. 다만 펫 로스의 경우, 주위의 이해를 바라기가 힘들죠. 반려동물을 잃어서 충격에 빠진 사람에게 주위에서 '그깟 반려동물 하나 죽었다고……' 하고 따갑게 눈총을 주는 경우도 적지 않고요. 그뿐만 아니라 주인 자신조차 이런 일로 슬퍼하는 내가 이상한 게 아닐까 하고 생각하는 일마저 있습니다."

상황이 이렇다 보니 펫 로스를 '공인되지 않은 비탄'에 해당한다고 주장하는 연구자도 있다.

하마노 씨는 내가 펫 로스에 관한 취재를 시작하면서 가장 먼저 얘기를 듣고 싶었던 인물 중 하나였다. 대학에서 수의학, 대학원에서 발달심리학을 공부하고, 사람과 반려동물의 관계와 반려동물에 대한 애착, 펫 로스, 반려동물을 키우는 행위가 사람에게 주는 영향 등을 연구해 온 하마노 씨는 수의사인 동시에 임상 심리사, 공인 심리사 자격증도 있다. 그리고 그 다양한 경력을 살려 2019년, 데이쿄 과학대학 부속 동물 병원에 '가족의 마음 케어과'를 신설, 펫 로스로 고통받는 주인들의 상담을 받고 있기 때문이었다. 이는 대학에 부속된 동물 병원으로서는 아주 이례적인 시도이다.

반려동물을 잃은 아픔과 마주하기 위한 심리 상담은 어떤 것일까.
거리에 옛 시대의 풍경과 정취가 살아남아 있는 도쿄도 아다치
구 센주, 하마노 씨의 진료실 '가족의 마음 케어과'는 스미다강이
내다보이는 데이쿄 과학대학 부속 동물 병원의 일각에 있었다.

하마노 씨의 책상과 내담자용 테이블과 의자가 서로 마주 보도
록 놓인 진료실 분위기는 단출하지만 개방적이었다.

하마노 씨는 펫 로스 전문 외래 진료실을 신설한 이유를 다음과
같이 설명했다.

"'반려동물을 잃은 사람은 그 슬픔을 누구에게 털어놓을 수 있
을까?' 하는 질문이 출발점이었습니다. 도움을 받고 싶어도 누구
에게 털어놓고 상담하면 좋을지 몰라 고뇌하는 주인들이 아주 많
아요. 사실 죽은 반려동물에 대해 잘 아는 담당 수의사나 동물 간
호사의 도움을 받을 수 있으면 좋겠지만, 반려동물이 죽은 후에
주인이 동물 병원을 찾아가기는 쉽지 않습니다. 관계성이 끊겼으
니까요."

반려동물의 죽음 자체를 '일차적 상실', 그에 따른 주위 사람들과
의 인간관계 상실을 '이차적 상실'이라고 한다. 일차적 상실은 피할
수 없는 일이지만, 이차적 상실은 피할 수 있다. 바로 여기에 펫 로

스를 극복하는 한 '열쇠'가 있을 듯하다.

"미국의 대형 동물 병원에는 인간의 심리와 복지를 다루는 전문가가 상주하고 있어서, 펫 로스 등으로 마음을 앓고 있는 주인이 부담 없이 상담할 수 있는 환경이라는 얘기를 듣고, 우리도 그럴 수 있으면 좋겠다고 생각한 것이죠."

하마노는 본인 소속의 대학 부속 동물 병원이라면, 훗날 수의사나 동물 간호사에 대한 교육 효과도 기대할 수 있으리란 희망으로 '가족의 마음 케어과'를 신설했다고 한다.

"반려동물을 잃은 주인에게, 그 얘기를 누구에게 할 것이냐 하는 '퍼스트 콘택트'는 아주 중요한 문제입니다. 퍼스트 콘택트를 통해 적절한 도움을 받을 수 있다면 문제가 복잡해지는 경우는 거의 없어요. 그러나 실제로는 개와 고양이를 통해 친구가 된 사람에게 얘기했는데도 잘 받아들여지지 않았다는 경우도 있고, 반려동물이 죽은 후에는 반려동물 친구조차 만나기가 괴롭다는 사람도 적지 않습니다. 그런 사람들이 마음 편히 상담할 수 있는 자리가 있으면 좋겠다는 바람으로……."

내담자들은 이 장소에 지푸라기라도 잡으려는 심정으로 찾아온다고 한다.

"내가 펫 로스가 아닐까, 이렇게 오래 슬퍼하는 건 좀 이상하지 않나, 이러다 영영 극복하지 못하는 것은 아닐까 해서 불안해진 나머지 인터넷으로 열심히 검색하다 이곳을 찾게 되었다는 사람들이 대부분입니다. '펫 로스'라는 말만 횡행하는 바람에 엄청난 중병이 아닐까 하고 생각하는 사람도 적지 않습니다."

상담 내용은 기본적으로 정신의학과나 심리상담과에서 임상 심리사가 하는 내용과 별반 다르지 않다고 한다.

"첫 상담에서는 내담자가 안고 있는 문제의 배경을 알아봅니다. 이곳을 찾는 사람들 대부분이 반려동물을 잃었다는 사실이 주된 배경이라 문제의 초점을 좁히기는 쉽다고 할 수 있겠죠. 아무튼 얘기를 찬찬히 들으면서 내담자가 지금 어떤 상태에 있는지를 파악하고, 또 그리프 워크의 어느 과정에 있는지를 판단합니다."

'그리프 워크'는 귀에 낯선 용어지만, 말 그대로 하자면 '비탄의 일'이라는 뜻이다. 정신의학에서는 자신에게 소중한 존재를 잃은 사람은 어느 정도 공통된 '슬픔의 과정'을 거쳐 회복으로 향하게 되는데, 그 일련의 과정을 '그리프 워크'라고 한다.

그리프 워크는 어떻게 진행되는가

'그리프 워크' 하면 미국의 정신과 의사 엘리자베스 퀴블러 로스가 저서 〈죽음과 죽어 감〉에서 제창한 '죽음의 수용 과정(죽어가는 과정의 심리학적 단계)'이 잘 알려져 있다. 이는 암 등의 병으로 죽음을 맞게 된 환자가 자신의 죽음을 받아들이는 과정을 5단계로 나눈 것으로 내용은 다음과 같다.

① **부인**: 내가 죽다니 거짓말이라며 사실을 부인하고, 주위로부터 고립되는 단계

② **분노**: 왜 내가 죽어야 하는가 하며 분노에 휩싸이는 단계

③ **거래**: 어떻게든 죽음을 피하기 위해 신에게 기도하는 등 거래를 시도하는 단계

④ **억울**: 죽음을 피할 수 없다는 것을 깨닫고 절망과 체념으로 기분이 가라앉는 단계

⑤ **수용**: 죽음을 '누구에게나 찾아오는 자연 현상'으로 인식하고 받아들이는 단계

이 '죽음의 수용 과정' 모델은 반려동물을 잃은 주인의 심리적 단계를 설명하는 데도 종종 사용된다. 인터넷에서 '펫 로스 극복', '펫 로스, 어떻게 하면 좋을까?'라는 검색어를 입력하면 '퀴블러 로스'라는 이름이 바로 뜰 것이다.

나 역시 민트가 죽은 후에 그런 단어로 인터넷을 검색해 이 '죽음의 수용 과정' 모델을 알게 되었으며, 어느 정도 납득이 가는 한편 다소 의문이 남기도 했다. '자신의 죽음'을 수용하는 단계의 모델을 '반려동물의 죽음'에 적용한 탓에 민트의 죽음에 대한 자신의 감정

이 ①에서 ⑤중 어디에 해당하는지 솔직히 말해 구분이 잘 되지 않았다. 이는 어쩌면 당연한 일이기도 하다. 가령 부인 상태에 있더라도, 다음 단계인 '분노'를 거치지 않고는 회복을 향한 과정이 진행되지 않는다니, 그 머나먼 여정에 정신이 아득해지고 만 것이다.

나만 그런 것은 아닌 듯하다. 세계적인 베스트셀러인 〈코끼리가 울 때(When Elephants Weep; The emotional lives of Animals)〉등 동물의 감정 세계에 관한 저서를 여럿 발표한 제프리 M. 마송의 글에 이런 내용이 있다.

나는 정신과 의사인 엘리자베스 퀴블러 로스가 제시한 인간이 죽음을 수용하는 다섯 가지 단계 — 부인과 고립, 분노, 거래, 억울, 수용 — 를 지지하지도 않지만, 이를 동물을 잃은 상실 체험에 그대로 적용하는 점에도 거부감을 느낀다. 애당초 우리 인간은 죽음을 '부인'하지도 않을뿐더러 죽음에 '분노'의 감정을 품는 일도 없다. '거래'도 하지 않는다. '억울'하다는 감정이 '슬퍼하는 것'을 달리 표현한 것이라면 이해할 수 있다. 그리고 '수용'인데, 과연 인간에게 다른 선택지가 있을까. 이 이론에 어떤 탁월한 점이 있는지, 나는 심히 의문스러울 따름이다.

— 〈반려동물이 죽음에 대해 알고 있는 것-반려동물과의 이별을 둘러싼
마음의 과학(Lost companions Reflection on the Death of pets)〉에서

정신의학과 의사는
펫 로스 환자를 진료하고 싶어 하지 않는다?

엘리자베스 퀴블러 로스의 모델에 대해서 하마노 씨는 이렇게 설명한다.

"퀴블러 로스의 단계 모델은 일방적인 파악이라는 이유로 비판받기도 하지만 의료와 간호, 동물 의료 현장에서 비애에 찬 환자의 마음 상태를 간결하게 판단하고 그에 대처하는 데에 참고가 되는 것은 사실입니다. 또 이 모델에서 말하는 '단계'는 반드시 연속되는 것은 아니고, 어느 단계를 어떻게 경험하는가는 사람에 따라 저마다 달라요. 따라서 한 단계에 계속 머물러 나머지 네 단계를 거의 경험하지 않는 사람도 있다고 볼 수 있는 것이죠."

최근에는 일방적이거나 단계적이지 않은 '새로운 모델'이 지지를 받고 있다고 한다.

예를 들어 슈트뢰베와 슈트의 〈사별에 대처하는 이중과정 모델〉(1999년)은 소중한 대상을 잃은 사람은 나날의 생활 속에서 어떤 때는 잃어버린 대상을 떠올리며 비탄에 젖고 눈물을 흘리는 '상실 지향'으로 기울고, 어떤 때는 비탄에서 헤어나 새로운 생활과 변화를 추구하려는 '회복 지향'으로 기운다고 말한다. 다시 말해 두 가지 지향 사이를 오가며 천천히 회복되어 간다는 뜻이다(Stroebe, M.S.,

Schut, H., 〈The dual process model of coping with bereavement〉〉.

"결국 반려동물을 잃은 슬픔이 완전히 사라지지는 않지만 그렇다고 언제까지나 슬픔에 짓눌려 지내는 것도 아니죠. 시간이 흐르면 반려동물과의 즐거웠던 추억을 떠올리는 일이 늘어납니다. 그렇게 해서 비탄과 마주하는 시간과 슬픔을 추억으로 해소하며 회복하는 시간을 반복하면서 천천히 그 반려동물이 없는 생활에 적응해 가는 것이죠. 따라서 상담을 하면서, 내담자가 슬퍼하면서도 반려동물과의 즐거웠던 추억을 얘기하는 때가 오면 그리프 워크가 순조롭게 진행되고 있다고 판단합니다."(하마노 씨)

그렇다면 펫 로스로 고통받는 내담자를 상담할 때 가장 중요한 요소는 무엇일까.

"무엇보다 내담자의 신체적 안전입니다. 반려동물을 잃은 슬픔에 젖은 나머지 혹시 자신을 해할 우려가 있는지, 또는 정신적 치료가 필요한지를 가늠하는 것이죠. 내담자와 상담을 하는 과정에서 '정신과 진료가 필요한 경우도 있으니, 그럴 때는 정신과 병원을 소개하겠다' 하고 소견을 전하는 일도 있습니다."

이 말을 듣고, 펫 로스가 정신의학에서 말하는 '대상 상실'의 일종이라면, 정신과 의사도 누구든 상담을 할 수 있지 않을까 하는 생각을 새삼스럽게 하게 되었다.

그러나 현황은 그렇지 않다. 이 점에 대해 하마노 씨는 이렇게 말한다.

"정신과 의사는 펫 로스가 환자의 주된 증상이라고 판단한 경우, 적극적으로 개입하지 않는 일이 많습니다. 바꿔 말하면, 펫 로스에 관심이 없는 정신과 의사도 있다는 것이죠. 또 반려동물이 어쩌고 하는 말만 듣고도 내담자의 몸에 반려동물의 털이 남아 있어 다른 환자가 알레르기 반응을 보이지는 않을까 하고 지레 겁을 먹는 일도 적지 않습니다."

'펫 로스' 상담을 진료 항목으로 올린 정신과 의사

현황이 그러한데, 병원 홈페이지에 '펫 로스' 상담을 진료 항목으로 올린 정신과 의사가 있다. 도쿄도 세타가야구에 있는 '아이와 클리닉'의 원장 요코야마 아키미쓰 의사로, 정신과 의사가 '펫 로스' 상담을 하는 경우는 국내에서 유일하다. 요코야마 씨는 인간과 동물의 관계성에 착목, 특히 애니멀 테라피에 관해 국내에 그런 용어가 거의 알려지지 않은 30여 년 전부터 연구하고 있는 제1인자이다. 예전에 하마노 씨와 같은 데이쿄 과학대학에서 교편을 잡았던 일도 있던 터라, 나는 하마노 씨의 소개로 요코야마 씨를 만날 수 있었다.

"펫 로스에 관한 책이라고요? 그런 책은 벌써 많이 나와 있는데, 뭘 쓰시려는지?"

요코야마 씨는 입을 열자마자 대뜸 그렇게 물었다. 하마노 씨로부터 '요코야마 씨는 능력도 정열도 있지만, 개성이 좀 강하다'라는 말을 들었는데, 아니나 다를까 대화가 쉽게 풀릴 것 같지 않았다.

"펫 로스를 어떻게 하면 극복할 수 있는지, 구체적인 방법을 소개하고 싶습니다."

간신히 그렇게 대답하자, '그런 책도 많이 있는데' 하는 표정을 지으면서도 일단은 고개를 끄덕였다.

"왜 홈페이지에 '펫 로스'라는 항목을 올리셨는지요?"

"그 부분에 대해서는, 솔직히 올릴까 말까 고민이 많았어요. 정신과 의사라면 누구나 펫 로스 환자를 진료해야 마땅하잖아요. 다만 현실은 그렇지 않죠. 보통은 진료하지 않습니다. 펫 로스를 이해하지 못하는 것은 아니지만, 대부분의 정신과 의사는 진료하지 않아요. 정신의학에서는 '상실 반응'에 속해야 하는 분야인데, 최근의 교재에도 '펫 로스'는 거의 언급되어 있지 않은 실정입니다. 상실 반응의 대상이 어디까지나 인간이기 때문에, 반려동물을 잃은 아픔으로 상담을 받고 싶노라 하면 그리 좋은 대우를 받지 못합니다. 그래서 굳이 홈페이지에 '펫 로스' 항목을 올렸는데, 사실은 정신과 의사가 펫 로스 환자를 진료하는 것이 당연한 세상이 되어 그 항목을 지울 수 있다면 최선이겠죠. 펫 로스로 고생하시는 분은 모두 우리 클리닉으로 오시라, 그럴 마음은 전혀 없습니다.”

요코야마 씨는 ‘펫 로스 증후군’이라는 말이 인구에 회자된 것도 좋지 않은 일이라고 말했다.

“일반적으로 다른 병과는 다른 특이한 원인 또는 증상이 있어야 ‘증후군’이라는 말을 붙이는데, 펫 로스의 경우는 정신의학에서 흔히 다루는 ‘상실 반응’일 뿐입니다. 친족이나 친구를 잃었을 때 보이는 반응과 다르지 않아요. 멘탈 클리닉은 어떤 이유로든 마음을 앓는 사람들이 찾아오는 곳입니다. 정신과 의사는 그런 환자들이 상실한 대상이 인간이든 동물이든 상관없이 진료해야 마땅하죠. 그러나 실제로는 ‘펫 로스’ 치료에 대부분 적극적이지 않습니다.”

“상실 반응으로 볼 경우, 대상이 친족일 때와 반려동물일 때 어떤 차이가 있을까요?”

“펫 로스에는 독특한 요소가 있죠. 그 한 가지는 대개 반려동물이 주인보다 먼저 죽는다는 점입니다. 개는 수명이 15년에서 20년이니, 키우기 시작했을 때 이미 주인이 개의 죽음을 지켜야 한다는 건 기정사실이죠.

또 한 가지는 아이가 있는 가정의 경우는 보통 아이가 어렸을 때부터 키우기 시작하기 때문에, 그 개가 죽었을 때 가족이 가장 활기찼던 시절의 추억을 고스란히 잃어버린 듯한 상실감을 느끼게 된다는 점입니다.

그리고 친족이 죽었을 때와 달리 반려동물이 죽었을 때는 그 슬품을 주위에 알리고 얘기하기가 껄끄럽고, 이해를 구하기도 쉽지 않습니다. 반려동물이 죽은 정도로 아직까지 슬퍼하다니, 하고 의아해하는 주위의 반응에 주인이 '내가 이상한 건가' 하고 생각한 나머지 마음을 닫게 되기 때문에, 펫 로스로 고생하는 사람들의 정보가 겉으로 드러나기 어려운 면은 있습니다."

"개중에는 우울감에 빠져 자살을 생각하는 경우도 있다고 들었는데요."

"그렇다고 펫 로스가 유일한 원인은 아니겠죠. 고독한 생활환경, 경제 상황, 회사의 인간관계 등 갖가지 요소가 복합적으로 작용하는 경우에는 그럴 수도 있겠죠. 단지 펫 로스 때문에 자살을 생각할 정도로 증상이 심각해지는 예는 별로 없지 않나 합니다."

반려동물의 죽음을 슬퍼해도 괜찮다

"실제로 이 클리닉을 찾는 사람 중에 펫 로스로 고통받는 사람의 비율은 어느 정도인가요?"

"의외로 많지 않습니다. 이백 명 중에 한 명 정도 될까요. 한 번 온 다음에 다시 찾는 사람도 거의 없습니다. 우리가 할 수 있는 일은 내담자가 털어놓는 얘기를 오로지 귀 기울여 듣는 것입니다. 대부분 반려동물이 죽은 슬픔을 표현할 곳이 없어 괴로운 것이거든요. 그러니 우리가 경청해 주기만 해도 상당히 마음이 가벼워지는 것이죠. 간혹 우울감에 빠진 사람이 있으면, 펫 로스 이외에 다른 요인이 없지 않은지 살펴봅니다."

상대방이 하는 얘기를 잘 듣는다, 경청한다. 이는 하마노 씨도 한 말이었다.

"따라서 정신과 의사나 심리 치료사가 아니더라도, 얘기할 상대가 있으면 펫 로스를 극복할 수 있는 계기는 얼마든지 있는 셈이죠. 다만 반려동물과 관계된 사람—수의사나 간호사, 또는 반려동물 친구—이라도 슬퍼하는 방식은 모두가 다르다는 점은 유념해야 합니다. 따라서 얘기하는 사람은 상대에게 자신의 슬픔이 전해지지 않는다고 답답해해서는 안 되고, 반대로 얘기를 듣는 사람도 원인을 파헤치려 들거나 '이렇게 해 보면?' 하고 상대에게 해결책을 제시하려 들지 말고 그냥 들어 주는 게 중요합니다.

저는 내담자가 후련해할 때까지 충분히 얘기를 들어 준 다음, 어느 단계에서 이렇게 묻습니다. 반려동물이 준 기쁨과 당신이 느끼는 슬픔을 비교한다면, 어느 쪽이 더 클까요? 하고 말이죠. 그러면 '즐거움이 압도적으로 크다'는 것을 비로소 알아차립니다. 그러니 펫 로스란, 그 기쁨과 슬픔을 가늠하는 저울이 이상해진 상태라고 할 수도 있겠군요."

그렇다. 나 자신의 경험으로 봐서도 '저울이 이상해졌다'는 것을 알고는 있었지만, 나 스스로는 어떻게 할 수 없었다. 하마노 씨는 이렇게 말한다.

"우선 반려동물의 죽음을 슬퍼해도 괜찮다는 걸 아셨으면 합니다. 그때 열쇠는 주변의 지지입니다. 이를 '그리프 케어(상실의 슬픔을 함께하는 지원)'라고 하죠. 그리프 케어를 제공할 수 있는 사람은 반려동물을 잃어 본 경험이 있는 사람, 마음 치료 전문가, 또 가족이나 친구, 동물 병원의 수의사와 동물 간호사, 반려동물 친구 등을 들 수 있겠는데, 앞에서도 말했다시피 반려동물이 죽고 나면 그 반려동물을 통해 형성된 친구 관계도 소원해지는 게 문제라고 생각합니다."

우선은 자신의 슬픔을 있는 그대로 얘기할 수 있는 상대를 찾는 것.

그것이 펫 로스를 이겨 내기 위한 첫걸음이라 할 수 있을 듯하다.

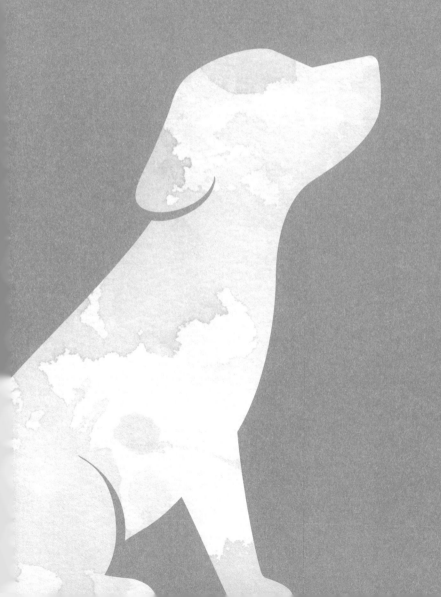

제2장

첫 준비는
'좋은 홈닥터'

"저는 수의사 여러분에게, 반려동물이 죽은 후에도 병원을 찾아 달라고 말할 수 있는 수의사, 동물 병원이기를 바란다고 자주 부탁 드려요."

수의사이며 '동물 의료 그리프 케어 어드바이저'로 전국 동물 병원의 의료 관계자를 대상으로 그리프 케어에 대해 강습하고 있는 아베 미나코 씨는 이렇게 말했다. 아베 씨는 반려동물을 잃은 주인이 그 슬픔을 처음 털어놓을 수 있는 대상으로, 죽은 반려동물의 마지막을 함께한 동물 병원의 수의사나 동물 간호사를 이상적으로 꼽았다.

"숨을 거둔 반려동물을 병원으로 데려오시라고 한 뒤 수의사나 간호사가 기다리고 있었다고 말을 걸어 주면서 브러시로 부드럽게 털을 빗어 주고 몸을 깨끗하게 가다듬는 과정, 그 과정에서도 주인은 슬픔을 다소나마 덜 수 있어요. 그러나 그렇게까지 하는 동물 병원이 많지 않은 것이 현실이죠. 그리프 케어에 대한 인식이 전혀 없는 수의사도 있을 정도니까요."

반려동물이 숨을 거두기 직전까지는 대부분 동물 병원을 수시로 드나든다. 내 경험으로 봐서도 그렇지만, 이 단계부터 벌써 '이 아이가 정말 이대로 죽으면 나는 어떡하지' 하는 펫 로스의 전조를 명확하게 느낀다.

"그런 감정을 '예비 그리프'라고 해요. 그런 감정은 반려동물과 함께 생활하는 한 언제나 따라다니는 것이죠. 그래도 반려동물이 건강하고 활기찰 때는 그들이 행복하게 살아 있는 모습만 봐도 '아직 괜찮네' 하고 주인은 안심하고 절로 치유됩니다. 반려동물에게 그리프 케어를 받는 것이지요. 그런데 반려동물이 병에 걸리면, 그리프 케어를 받을 수 없어 예비 그리프가 계속 쌓이게 됩니다. 그걸 혼자서 부둥켜안고 있다 보면 침몰하는 것이죠. 그래서 홈닥터의 역할이 중요한 거예요."

우선 좋은 홈닥터를 찾는 일이 반려동물이 살아 있는 동안 할 수 있는 펫 로스에 대한 첫 '준비'라고 할 수 있겠다.

반려동물을 '병든 아이'로 만들어서는 안 된다

그렇다면 좋은 홈닥터는 어떻게 해야 찾을 수 있을까.

"가장 중요한 관건은 그 동물 병원에 주인과 반려동물의 그리프를 감지하는 사람이 있느냐 없느냐입니다. 수의사는 물론 간호사든 접수 담당이든 상관없이, '이 사람은 동물을 정말 좋아하네' 싶은 사람이 있다면, 그 동물 병원은 단순히 병을 치료해 주는 곳이 아니라 사는 힘을 얻을 수 있는 장소가 됩니다. 반대로 병은 치료해 주지만 주인과 반려동물의 마음 상태는 헤아리지 못하는 의사는 피해야 하겠지요."

수의사가 반려동물의 병만 치료하고 끝이라면 주인 역시 그런 태도를 답습할 수 있다는 뜻으로 들린다.

"주인에게 그 반려동물은 유일무이한 존재인데, 일단 병이라는 딱지가 붙게 되면 주인의 마음속에서도 알게 모르게 '병든 아이'로 자리 잡게 되는 경우가 아주 많아요. 그렇게 되면 어떻게든 병을 치료하려고 링거 주사를 맞히고, 싫다고 해도 약을 먹이고, 사료를 먹도록 애쓰는 등 수의사의 지시를 지키는 데만 혈안이 되지요. 그러다 보면 주인의 얼굴에서 웃음이 사라지고, 그 부정적인 공기는 반려동물에게도 반드시 전해집니다. 그러면 반려동물은 '내가 무슨 나쁜 짓을 한 게 아닐까' 하고서 풀이 죽게 되어요. 이는 주인과 반려동물 쌍방에게 불행한 상태라 할 수 있죠."

굳이 말할 필요도 없지만, 동물은 몸이 불편해도 그 이유나 병명, 치료 방법을 알지 못한다. 지금까지 할 수 있었던 일을 하지 못하는 등 죽음을 향하고 있어도 그 상황을 받아들이면서 마지막 순간까지 긍정적으로 꿋꿋하게 살아간다.

"반려동물에게 주인과 같이 생활하는 집은 안심할 수 있고 편한 마음으로 일상을 보낼 수 있는 장소이죠. 따라서 말기 치료는 그 변함없는 일상을 보내는 데 방해가 되는 고통이나 불쾌감을 진통제나 진정제로 제거해 주는 정도로 충분합니다. 집에서 마음 편히 잠들 수 있게 해 주는 것이 가장 바람직하고 중요해요."

펫 로스 증상이 심각해지기 쉬운 유형

반려동물을 키우는 사람 중에는 집에서는 주사와 약은 물론 아무것도 해 줄 수 없다는 이유로 말기에 접어든 반려동물을 동물 병원에 입원시키는 경우도 있다. 그러나 이는 반려동물을 배려하는 생각인 듯 보여도, 반려동물이 정말 원하는 것—정든 집에서 주인과 함께 평온하게 지내는—을 간과한 판단이라고 하지 않을 수 없다.

"실은 책임감이 강한 주인일수록 펫 로스 증상이 심각해지는 경향이 있습니다. 수의사가 지시한 내용을 백 퍼센트 실천하려고 애쓰는 것이죠. 물론 모든 것은 병을 치료하기 위한 노력이지만, 아무리 애를 써도 죽음은 피할 수 없어요. 그 결과, 반려동물이 죽은 후에 슬프고 안타까운 기억만 되살아나는 경우가 적지 않은 것이죠. 마지막 숨을 거두면서 괴로워하는 모습, 싫다는데 몸을 짓누르고 주삿바늘을 꽂았던 기억, 힘겨워하는데 억지로 밥을 먹였던 일 등등. 그러다 급기야, '그 병원을 선택한 것도 치료를 선택한 것도 나 자신이었다, 사실은 그 아이를 좀 더 생각했어야 했는데' 하는 후회로 펫 로스가 장기화되고 맙니다. 반려동물이 원하는 것을 소통하면서 이끌어 낼 수 있는 사람은 주인뿐이에요. 수의사가 아니라 주인이 반려동물의 세계를 가장 잘 이해한다는 사실을 잊어서는 안 됩니다."

그 과정에 도움과 조언을 줄 수 있는 의사가 좋은 홈닥터의 조건일 수 있겠다.

"좋은 의사는 치료를 받고 집으로 돌아간 반려동물이 쾌적하게 지내고 있는지 주인과 함께 생각합니다. 자칫 말기에 접어든 반려동물을 '병든 아이'로 바라볼 수도 있는 주인의 시선을 원래 모습으로 바라볼 수 있도록 하죠. 주인은 의사의 지시로 사료나 약이 바뀌었을 때, 반려동물이 싫어하거나 거부하면 바로 병원을 찾아가 상담할 수 있는 관계성을 구축하는 것이 중요합니다."

동물 의료 전문가도 펫 로스를 앓는다

아베 씨는 동물 의료에 관계된 사람들을 대상으로 그리프 케어 세미나를 정기적으로 실시하고 있다. 코로나 피해가 심각했던 당시에도 줌을 이용해 활발하게 활동했다.

어느 날 나도 아베 씨의 권유로 세미나에 참가했는데, 동물 의료 전문가인 수의사나 간호사도 자기 반려동물의 마지막을 어떻게 맞으면 좋을지 고민한다는 점이 무척 인상적이었다. 그들도 일반 사람들과 다르지 않은 것이다. 오히려 의사이기 때문에 치료를 어느 선에서 끝내고 임종을 맞아야 할지 판단하기가 어려운지도 모르겠다.

그 세미나에서 특히 인상에 남았던 것은 애니웰 동물 병원(오사카부 소재)의 동물 간호사 이노우에 쓰구미 씨가 발표한 내용이었다.

그녀의 반려동물 '니코'는 열일곱 살의 고령이었지만 그래도 기력이 좋았는데, 2019년 8월 초순에 이상 증상을 보였다. 병원에서 급성 신장병이라는 진단을 받았다. 앞으로 열흘을 넘기기 어려운 상태라는 말도 들었다. 그 말을 들은 이노우에 씨는 집에서 할 수 있는 것은 최대한 하자고 결심했다. 이노우에 씨의 부모님과 오빠 부부, 친구들이 집에서 지내는 니코를 수시로 찾아왔다. 그러자 니코는 날로 기운을 되찾았다.

"이별을 각오하기 위한 준비 기간을 선사해 줬다고 생각해요."

이노우에 씨는 그렇게 말했다.

"니코를 간병하는 동안, 주위 사람들에게 의지하고 또 도움을 받는 것이 중요한 그리프 케어라는 걸 느꼈어요. 혼자서 모든 걸 해결하려고 애쓰는 게 아니라, 기쁨도 슬픔도 함께하는 환경을 만드는 것으로 나 자신의 감정도 안정을 찾았다고 생각합니다."

니코는 기적적으로 열흘이 아니라 한 달 반을 넘겼지만, 9월 말이 되자 갑자기 숨이 가빠졌다. 폐고혈압증이라는 진단과 함께 '예후 불량'이라는 소견을 들었다.

끝내 마지막이 왔다고 느낀 이노우에 씨는 집에 산소실과 링거액을 준비하고, 가족과 친구들에게 도움을 청해 누구든 니코 옆을 지킬 수 있도록 만전을 기했다. 니코는 평온하게 지냈지만 결국 밤이 되면 울면서 집 안을 배회하기 시작했다. 이노우에 씨도 그녀의 남편도 잠 못 자는 밤이 이어졌다. 그런 상황에서 아베 씨에게 상담을 청했더니 아베 씨는 이렇게 조언해 주었다고 한다.

"링거 주사나 산소 튜브 때문에 행동이 제한되어 불안한지도 모르겠네요. 과감하게 치료를 중단하는 것도 한 방법이에요. 치료를 중단할 용기가 필요하겠지만……."

이 조언을 따라 이노우에 씨는 경구투약 이외의 링거 주사와 산소 튜브를 통한 산소 호흡을 중단했다고 한다. 그러자 그날 밤에는 니코가 차분하게 잠들었다.

눈을 감기 전날. 니코는 자기 발로 일어나 용변을 보았다. 당시의 상태로 봐서 혼자 힘으로 일어서는 것은 거의 기적에 가까웠지만 그래도 니코는 '내 발로 서고 싶다'고 원했던 것이다. 이노우에 씨가 그때 찍은 동영상을 보여 주자, 세미나에 참가한 사람들 사이에서 훌쩍거리는 소리가 퍼져 나갔다. 이제 곧 숨을 거두게 될 개의 모습에 연민을 느껴서가 아니라, 마지막까지 꿋꿋하게 살려는 그 자세에 감격한 눈물이었다고 생각된다.

그리고 다음 날인 10월 25일. 니코는 열일곱 살 칠 개월 나이로 생애를 마감했다. 마지막에는 쉰 목소리로 한 번 짖어, 이노우에 씨가 꼭 안아 주자 그 품 안에서 숨을 거뒀다. 일주일 후에 장례를 치르기로 하고, 그 사이에 니코와 작별하기 위해 찾아온 친척이나 친구들과 함께 사진을 찍었다. 니코의 손과 발도 석고에 찍어 소중하게 보관하고 있단다. 이노우에 씨는 그 체험담을 이런 말로 맺었다.

"니코와 함께 산 17년 7개월은 아주 긴 것 같으면서도 순식간이었어요. 아무리 힘들어도 밥을 먹어 우리를 안심시켜 주었던 니코. 숨을 거두기 전날까지 용변을 보고 물을 마시면서 꿋꿋하고 강하게 살아 주었던 니코. 조금은 고집스럽고 응석을 잘 부렸던 니코. 다양한 모습의 니코에게 얼마나 큰 위안을 얻었는지를 실감했어요. 이제 더는 그 몸을 쓰다듬을 수 없지만, 니코의 부드럽고 포근하고 따뜻한 감촉, 제게 쏟아 주었던 수많은 눈길과 애정을 영원히 간직하게 되었습니다. 영원히 사랑할 거라고 전했어요."

이노우에 씨는 매달 25일을 '니코의 날'로 정하고, 니코의 영정 앞에 평소보다 많은 먹거리를 차린다고 한다.

마지막 교류의 시간이 가장 중요하다

아베 씨는 반려동물의 임종을 함께한 이노우에 씨의 사례를 이상적인 '해피 엔딩'으로 평가했다.

"사실 마지막 교류의 시간이 가장 중요하거든요. 슬퍼하기에는 아직 일러요. 아직은 함께 지낼 수 있잖아요. '너를 만나서 행복했어', '네 이름은 이런 의미로 지은 거야' 등등의 말을 걸면서 함께한 오랜 세월에 대해 감사와 사랑을 전하는 시간. 니코의 경우는 이노우에 씨가 용기를 내서 치료를 중단하고 평온한 시간을 보낸 덕분에, 니코에게도 그 감사와 사랑의 마음이 충분히 전해졌을 거예요. 또 니코는 자기 힘으로 일어나 용변을 보는 것으로 마지막까지 꿋꿋하게 산 모습을 이노우에 씨에게 보여 주었고요. 서로가 마지막 선물을 주고받은 셈이죠. 동물 의료 관계자로서 그리프 케어를 스스로 실천해 온 이노우에 씨였기에 가능했던 마지막 모습이라고 생각합니다."

이 중요한 마지막 시간을 병의 치료에만 급급해 올바르게 보내지 못하면, 그 후에 찾아오는 '펫 로스'에서 회복하기가 더욱 어렵다고 한다.

"반려동물을 잃는 것이 얼마나 큰 상실인지, 그건 모두 다 똑같아요. 다만 반려동물이 떠나간 후에 그동안의 즐겁고 행복했던 기억, 웃었던 순간들을 떠올릴 수 없다면 상당히 괴롭겠죠. 반려동물을 잃은 후에는 충분히 슬퍼하는 것이 중요하지만, 웃음이 사라지면 슬퍼할 에너지도 생기지 않아요. 따라서 마지막 교류의 시간에 그 아이와 만난 날부터 지금까지의 시간을 돌아보며, 기쁘고 행복했던 수많은 추억을 함께 돌이켜 보는 것이 중요합니다. 행복한 기억과 상실의 아픔이 공존하는 펫 로스라면, 날마다 웃기도 하고 울기도 하면서 자기 감정에 충실할 수 있잖아요. 그러다 보면 슬픔은 절로 치유됩니다."

즉 펫 로스는 반려동물이 죽은 다음부터 시작되는 것이 아니라는 말이다. 반려동물이 죽기 전부터 이미 시작되는 것이다. '이 아이가 정말 가 버리면 어떻게 하지' 하는 절망감과 '어쩌면 조금 더 버텨 줄지도 몰라' 하는 희망 사이에서 어지럽게 흔들리는 시간을 어떻게 보내느냐 하는 것이 아주 중요할 듯하다.

"맞아요. 오래도록 이 일을 해 왔지만, 새삼 죽고 난 다음에 시작되는 게 아니라는 생각이 드네요. 반려동물이 살아 있는 마지막 시간을 어떻게 보내느냐, 그게 정말 중요해요. 극단적으로 말하면, 그 시간을 어떻게 보내느냐에 따라 펫 로스에서 벗어나는 시간이 달라진다고 할 수 있어요. 아프지만 않으면 반려동물은 자신이 해 오던 대로 먹고 싶은 것을 먹고 자고 싶은 곳에서 잡니다. 그 행복한 모습이 반려동물이 죽은 후의 주인에게 '회복의 에너지'가 되는 것이죠."

죽음에 임박해서야말로 수의사의 지시를 그대로 따를 게 아니라, 거부감이 느껴지면 또 다른 의견을 구하거나 과감하게 병원을 바꾸는 용기도 필요할 듯하다.

"마지막 순간까지 병이나 죽음이 아니라, 반려동물과 마주하는 것이 가장 중요합니다."

펫 로스에 대해 생각할 때, 아베 씨가 한 이 말의 의미가 얼마나 중요한지를 나는 그 뒤의 취재를 통해 절실하게 깨닫게 되었다.

제3장

실록-나의 펫 로스

반려동물과의 '이별' 전에는 반드시 '만남'이 있다.

　'펫 로스'라는 말은 반려동물과 그 주인이 쌓아 온 '이야기'의 마지막 한 장면만을 일컫는다. 그러나 그 진정한 의미를 이해하기 위해서는 만남에서부터 이별에 이르는 이야기 자체를 읽을 필요가 있다.

　주인과 반려동물이 온 힘을 다해 살아온 매 순간의 이야기를 일일이 들을 수는 없으니, 어떻게 하면 그 한순간이라도 접할 수 있을지 생각한 끝에 '반려동물을 잃은 주인을 대상으로 설문 조사'를 실시해 보기로 했다.

　그러나 이런 설문 조사는 답하는 주인 입장에서는 반려동물을 잃은 옛 상처를 헤집는 일이 될 수도 있다. '그렇게 힘든 일을 알지도 못하는 사람에게 강요할 권리가 있느냐?' 하고 누가 묻는다면 대답할 말이 없는데, 결과적으로 45명이 진지한 답변을 보내 주었다. 자신이 안고 있는 슬픔과 마주하며 쥐어짠 언어의 무게에 몇 번이나 긴 한숨이 흘러나왔다.

그 상세한 내용은 뒤에서 소개하기로 하고, 각 질문 항목에 펫 로스를 경험한 나의 답변을 먼저 소개한다. 펫 로스가 생기는 이유에 대해 '실록'으로 참고해 주셨으면 한다.

질문 1) 죽은 반려동물의 종류, 성별, 이름, 사망 당시의 나이를 가르쳐 주세요.

종류 – 믹스견, 성별 – 수컷, 이름 – 민트, 사망 당시 나이 – 19살 5개월

질문 2) 그 아이와의 만남과 이름의 유래를 가르쳐 주세요.

처가에서 키우던 개 페로가 나이가 많이 들었을 때, 늘 산책을 같이하는 친구로부터 아키타의 친척 집에서 페로를 닮은 아이가 태어났다는 말을 듣고, 아내와 함께 갓 태어난 강아지를 데리러 갔습니다. 종이 상자에 담아 신칸센과 전철을 갈아타며 아키타에서 신주쿠로 돌아오는 일대 모험을 강행했습니다. 강아지가 태어난 집이 허브를 다루는 가게였기 때문에 이름을 민트라고 지었습니다.

질문 3) 아이는 당신에게 어떤 존재였나요?

민트는 처가에서 살았습니다. 나로서는 민트를 만나는 것이 처가에 가

는 가장 큰 즐거움이었습니다. 그 후에 사정이 있어 열두 살이 된 민트를 우리 집으로 데려왔습니다. 희고 검은 점이 있는 얼룩이 민트는 얌전한 성격이라 평생 짖은 적이 손에 꼽을 정도였습니다. 늘 가족의 상태를 살피면서 외로워하거나 피곤해한다 싶으면 살며시 다가오는 존재였습니다. 아무리 피곤하고 지쳐 있을 때도 집에 돌아오면 민트를 만날 수 있으니, 매일이 행복했습니다.

질문 4) 지금도 떠오르는 그 아이와의 추억이나 일화를 가르쳐 주세요.

식탐이 많은 아이가 아니었기 때문에 가끔 눈을 번쩍 뜨고 덥석 물었던 음식을 보면 민트가 떠오릅니다. 가고시마산 고구마, 홋카이도산 방목 우유, 그리고 우동이나 메밀국수 등 면류를 아주 좋아해서 쭉쭉 빨아 먹곤 했습니다.

또 나이가 들어서는 캠핑을 떠나거나 해변으로 놀러 갈 때 차를 몰고 먼 길을 가면서 함께 했던 모습이 떠오릅니다. 상당히 오래 참았을 텐데, 목적지에 도착하면 숲과 바다를 이미 다 아는 것처럼 마음껏 산책하던 장면도 떠오릅니다. 언젠가는 멀리 갔다가, 현지에서 종양이 터져 황급히 병원을 찾아 긴급 외과 수술을 받게 되었는데, 다행히 동물 병원 선생님의 정성스러운 수술로 목숨을 건졌고, 그 후로 3년이나 더 살았습니다. 병원으로부터 수술이 성공적으로 끝났다는 연락을 받고 달려갔을 때, 케이지 안에서 꼬리를 흔들던 민트의 모습은 잊을 수 없습니다.

또 세상을 떠나기 1년 전, 제가 회사를 그만두고 삿포로로 이사하게 되었는데 당시 열여덟 살이던 민트와 아내와 셋이 도쿄의 오아라이항에서 홋카이도의 도마코마이로 가는 페리를 탔을 때 일이 인상 깊게 남아 있습니다. 인터넷으로 예약할 때 경쟁을 치른 끝에 겨우 '반려동물과 함께 묵을 수 있는 방'을 차지했지만, 민트의 나이가 나이인 만큼 걱정이 컸습니다. 그런데 승선하고 얼마 지나자 저보다 편하게 콜콜 잠이 들었습니다. 열여덟 시간이나 되는 장거리 항해 끝에 밟은 홋카이도의 땅. 도마코마이에서 또 한 시간 반 차를 타고 삿포로에 도착. 새집 근처에 있는 마루야마 공원을 타박타박 걸을 때는 마치 '여기가 약속의 땅'이라는 걸 아는 듯한 걸음이라 감동이었습니다. 한여름에 무더위가 심한 도쿄에서 북쪽으로 이사한 덕에 더 오래 살았다고 생각하지만, 지금은 모든 일을 민트가 이끌어 주었다는 생각이 듭니다.

질문 5) 그 아이가 숨을 거뒀을 때 상황은 어땠나요? 대답할 수 있는 범위에서 대답해 주시면 감사하겠습니다.

질문 6) 그 아이를 잃은 후의 감정적 반응에 대해서 가르쳐 주세요.

질문 7) 반려동물을 잃은 충격에서 어떻게 헤어나셨나요? 충격을 해소하는 데 도움 된 구체적인 방법이 있었다면, 꼭 알려 주세요.

질문 8) 지금 반려동물과 함께 사는 사람들에게 전하고 싶은 조언이 있다면, 알려 주세요.

질문 5에서 질문 8까지가 그야말로 '펫 로스'의 실태를 언급해야 하는 질문인데, 나의 답변을 당시의 일기와 함께 정리해 아래에 소개한다.

나 자신이 경험한 '펫 로스'의 실태

질문 5와 관련해, 민트가 마지막 숨을 거뒀을 때 상황은 다음과 같다.

민트가 죽기 약 1년 전에 편집자로 일하던 문예춘추사를 퇴사하고 프리랜서 필자가 되었다. 여름을 견디기 힘들어하는 민트를 생각해 시원한 삿포로에서 살자는 마음으로 홋카이도로 이사한 일은 설문 조사에서 답변한 그대로이다.

죽기 1년 전부터 민트는 자주 발작 증상을 보였다. 그 빈도가 한 달에 한 번이다가 한 달에 두 번, 끝에는 일주일에 한 번으로 간격이 점차 좁아졌다. 나로서는 회사를 그만두어 비교적 자유롭게 시간을 쓸 수 있게 된 것이 무척 다행이었다. 덕분에 민트를 보살피는 일에 주력할 수 있었다.

시원한 여름 날씨가 민트에게 좋았는지 홋카이도로 이사한 후로 반려동물용 유모차나 휠체어의 도움을 받으면서 의외로 활기차게 지냈다. 처음 경험하는 홋카이도의 겨울을 이겨 내고 맞은 2020년,

눈이 녹고 신록이 눈부신 계절이 돌아오자 민트는 체중이 조금 늘었다.

'이 정도면 앞으로 1년은 더 살지도 모르겠는데' 하고 생각하기 시작한 참이었다. 이하 일기로부터.

5월 2일

민트의 상태가 조금 걱정된다. 요 이틀 동안 거의 먹지를 않았다. 오늘 아침 산책 때도 거의 걷지 못했다. 그 후에는 밤까지 계속 잤다. 언제까지나 건강하게 지낼 수 없다는 것은 알지만, 그리고 갑자기 이렇게 변한 것도 아니지만, 그래도 조금 더 힘을 내 주었으면 싶다. '조금 더'를 우리가 결정할 수 없다는 것이 문제지만.

일기에 처음 기록된 이상은 이렇다. 이날로부터 나흘 지나 민트는 숨을 거두었다. 다음 날 일기는 이렇게 이어진다.

5월 3일

민트는 오늘도 밥을 먹지 못했다. 아침에 설사 두 번. 낮에 간신히 산책시키려고 데리고 나갔지만, 그 후로는 계속 잤다. 최악의 경우를 상정하고 있지만, 그래도 저녁때부터 밤까지는 의식이 또렷했다. 뭔가를 먹을 것 같은 몸짓을 보인 만큼, 조금 회복되었는지도 모르겠다. 밤, 아내가 상당히 동요하면서도 그녀 나름으로 열심히 민트 곁을 지켜 준 것이 그나마 다행.

오늘도 민트는 아무것도 먹지 않았다. 아침에 발작이 있었지만 그 증상마저 평소보다 미약했다. 산책하러 밖에도 일단 나갔지만, 몸이 움직이지 않았다. 유모차에 태워 밖으로 나가자, 고개를 들고 땅을 내려다보았지만 즐겁기보다 일종의 사명감으로 힘을 내고 있는 듯 보였다. 여러 가지 징후로 보아 죽음이 머지않았다는 확실한 느낌이 들지만, 그래도 기적을 바라지 않을 수 없다. 젤리를 먹었다, 물을 먹었다, 요구르트를 먹었다, 그런 일들이 쌓여 캔 사료를 먹을 수 있게 된다면, 하고 아직도 바란다. 아무튼 마지막이 평온하기만을 기도하자.

이렇게 돌이켜 보니 첫 징후가 나타난 5월 2일부터 거의 아무것도 먹지 않았는데, 세상은 마침 황금연휴라서 동물 병원도 문을 닫은 상태였고 또 심각하게 받아들이지 않으려고 애썼던 기억이 난다. 그러나 나흘째가 된 시점에서는 '아무튼 평온한 마지막이기를' 이라는 말로 보아 '그때'가 다가왔음을 인정하지 않을 수 없었던 듯 하다.

그리고 찾아온 '그때'

아침, 낮, 밤, 세 번이나 발작. 아슬아슬하다. 그런데도 밤이 되어 아내가 등에 난 혹을 시원하게 해 주자, 편하게 눈을 감았고 호흡도 진정되었다. 아무튼 민트가 힘을 내고 있으니, 우리도 각오는 해야겠지만 마지막 순간까지 힘을 내자는 심정이다. 내일은 동물병원이 문을 여니, 어떻게든 타개책을 찾고 싶다.

만년의 민트의 등에는 혹이 있었다. 수의사 말에 따르면, 지방 덩어리로 암은 아니었지만 건강에 영향을 주는 것은 틀림없었다. 그 혹에서 열이 나는 듯해 아내가 수건에 보랭제를 싸서 시원하게 해 주자 편히 잠들었고 숨소리도 안정적이었다.
그리고 다음 날, '그때'가 찾아왔다.

5월 6일

머지않은 어느 날, 이런 글을 쓰게 될 줄은 알고 있었지만, 그날이 오늘일 줄은 몰랐다. 오늘 오후 2시 42분, 민트가 먼 길을 떠났다. 그전까지 계속 집에 있었는데, 그 전후 딱 30분간 집을 비운 바람에 마지막 가는 길을 지키지 못했다. 병원에 약을 받으러 가기 위해서였지만, 그 순간을 민트와 아내와 함께하지 못한 것이 못내

064   언젠가 찾아올 '그날'을 위하여

아쉽다. 민트 나름의 생각이 있어 선택한 시간이라고 스스로를 납득시키는 수밖에 없다.

어젯밤부터 밤중에 한 번 발작, 새벽에 또 한 번, 그다음에는 거의 한 시간에서 두 시간 간격으로 5분 남짓한 발작이 이어졌다. 여전히 유동식은 물론, 제 입으로는 물도 거의 먹지 못했다. 그런데도 발작이 없을 때는 실로 평안하게 잠이 든 듯 보였다. 그래서 잠시 집을 비웠는데, 방심했다.

그렇게 떠났다. 하지만 정말 대단한 개라는 느낌밖에 없다. 서서히 밥을 거부하고, 물도 먹지 않으면서 우리 부부에게 각오를 다지게 하고, 마지막에는 고통 없이 떠났다. 지금 거실에 누워 있는 모습을 보니, 정말 잠든 것처럼만 보인다. 사진을 찍을 때 비로소 영혼이 떠났다는 것을 깨달았다. 하지만 민트는 아직 우리와 함께 이 공간에 있다. 우리 두 사람이 괜찮은지, 혼란스러워하지는 않는지, 지켜보고 있을 것이다. 그런 녀석이었다.

이날 일은 이 책의 프롤로그에도 썼지만, 나는 마지막 순간을 지키지 못했다. 아내 말을 들어 보니, 내가 나간 후에 민트가 조용히 잠들어 아내는 곁에서 그림을 그리고 있었다고 한다. 그러다 문득 돌아보니 민트가 숨을 거칠게 몰아쉬더니 그대로 발작—마지막 발작—을 일으켰다. "민트!" 하고 필사적으로 부르는 아내의 품에 안겨 마침내 잠이 들듯 숨을 거뒀다고 한다.

슈퍼마켓에서 헐레벌떡 돌아온 나는 한참을 울고는 조금 전에 약을 받으러 갔던 동물 병원에 전화를 걸어 "조금 전에 민트가 떠났습니다"라고 전하고 반려동물 화장장을 소개받았다. 그리고 바로 화장장에 연락해, 화장 날짜를 다음 날로 결정했다. 지금 생각하니 그렇게 서두르지 말고 좀 더 느긋하게 마지막 작별의 시간을 보냈다면 좋았을 걸 싶지만, 당시에는 '한시 빨리 편안한 곳으로 보내야 한다' 하는 생각만 머리에 가득했다.

유해를 유모차에 태우고

5월 7일

어젯밤에 우리 부부는 움직이지 않는 민트와 나란히 잤다. 등도 다리도 살아 있을 때와 똑같이 매끄럽고 부드러운데, 그래도 죽음의 감촉이 느껴졌다. 편안하게 잠들었다가 3시가 조금 넘어 우리 부부는 눈을 떴다. 민트만 눈을 뜨지 않았다. 그래도 아직 옆에 있다는 것이 기뻤다. 이 밤이 지나면 쓰다듬어 줄 수도 없다는 생각에, 열심히 쓰다듬어 주다가 다시 잠들었다.

9시에 아내가 편의점에 가서 영정으로 쓸 사진을 출력해 왔다. 그동안 민트를 쓰다듬고 있는데 눈물이 하염없이 쏟아졌다. 아내가 돌아와, 민트를 유모차에 태우고 마루야마 공원을 산책했다. 계수나무 아래로 가니, 산에서 부는 바람이 바람꽃과 왕백합 이파리와 새의 예쁜 깃털을 날라다 주었다. 역시 민트는 대단하다. 꽃다발을 산 다음 11시 반에 홋카이도 동물 묘원 스미카와 화장장으로.

야산에 둘러싸여 있어 민트가 살아 있었다면 무척이나 좋아했을 화장장이었다. 화로에 들어가는 민트의 모습을 보고 있으려니 견디기가 어려웠지만, 민트가 "괜찮아" 하고 말해 주는 듯한 느낌에 가까스로 견뎠다. 밖에서 기다리며 주먹밥을 먹는 사이에 휘파람새 소리를 들었다. 민트는 휘파람새가 우짖는 장소를 좋아했다.

뼈를 수습했다. 멋진 뼈였다. 이도 고스란히 남아 있었다. 발톱이 남아 있어, 보기가 힘들었다. 그래도 생각보다 동요치 않고 뼈를 수습했다고 생각한다.

민트를 항아리에 담아 함께 귀가. 유모차와 자동차에서 민트의 시트를 치우려니 역시 힘겹다. 적당히 하고는 낮잠. 아내는 통곡. 해 줄 수 있는 일이 없다.

그리고 다음 날 '이런 게 펫 로스인가' 하고 비로소 자각하게 되는 '순무 사건'이 생겼다. 설문 조사의 항목으로 하면 질문 6에 해당한다.

5월 8일

흔히 있는 일이지만, 어쩌다 문득 민트의 상태를 확인하려는 자신의 모습에 놀라곤 한다. 이제 없구나, 한다. 민트가 살아 있을 때 민트를 위해 사 놓았던 푸딩을 보고는 울컥했다. 유모차와 식기를 정리하자는 생각만 해도 눈물이 쏟아진다. 그럴 줄 알았지만, 역시 그렇다.

오늘은 저녁 준비를 할 때, 아내가 냉장고에서 순무를 꺼내 들고는 "이걸 언제 샀지?" 하는 말만 했는데도 훌쩍거리기 시작해 딸꾹질이 날 만큼 울고 말았다. 마흔네 살이나 된 아저씨가 훌쩍거리다 딸꾹질까지 하는 모습에 웃음이 나오고 말았다. 홋카이도산 298엔짜리 순무와 오늘 우리가 먹고 있는 양고기를 사는 동안에 민트는 돌아오지 못할 길을 떠났다. 장기전에 대비할 마음이었는데, 결과는 정반대가 되고 말았다. '만에 하나 갑작스러운 변화가 있더라도 민트는 기다려 줄 것'이라는 근거 없는 자신감이 있었던 것도 사실이다.

밖에 나가 자연을 접하면 마음이 어루만져진다는 것을 알았다. 오늘은 가정 잡화 전문점에서 쇼핑을 한 다음, 슈퍼마켓 피노키오에서 도시락을 사 들고 아사히야마 기념공원까지 걸어갔다. 언덕길에서 숨이 좀 찼지만, 일단 도착. 바람이 몰아치는 높은 언덕에서 삿포로 시내를 내려다보았다. 아내와 민트 얘기를 할 때마다 바람이 휭 불어와, 마치 민트가 대답을 해 주는 느낌이 들어 반가웠다.

저녁때, 센다가야에 있는 와인숍 'G'의 K 씨 부부에게서 꽃다발이 왔다. '민트, 잊지 않을게요!'라고 쓰인 카드, 또 눈물을 쏟고 말았다.

펫 로스에 꽃이 어떤 효과가 있는지는 뒤에 얘기하겠지만, 그 점을 깨닫게 해 준 것이 바로 K 씨 부부의 꽃다발이었다.

오로지 걸었다

5월 9일

민트와 함께 걸었던 길을 다시 걸었다. 의외로 펫 로스 증상은 엄습하지 않았다. 그저 사랑스럽고 그리울 뿐이다. 추억보다 물건이 문제다. 밥그릇이나 좋아했던 군고구마 등이 불쑥 눈에 띄면 안절부절못한다. 전에는 경험하지 못한 충격이다.

5월 10일

점심을 먹으려고 파스타를 삶던 아내가 갑자기 울음을 터뜨렸다. 어제 나도 경험했지만, 부엌은 아내가 늘 민트의 기척을 느끼면서 일한 곳이니 민트의 부재를 가장 실감하는 장소인지도 모르겠다. 아내는 울면서 낮잠이 들었다. 아내가 깨어난 후에는 그동안 방치했던 텃밭에 나가 새 모종을 심었다. 파, 호박, 고추, 바질, 로즈메리, 자소 등. 흙을 만지면 아무래도 아픔이 조금 완화된다.

우리 부부에게 민트를 잃은 아픔이 밀려오는 순간이 서로 달라

흥미로웠다. 한쪽이 슬픔에 젖어 있을 때 다른 한쪽은 비교적 안정적인 경우가 많아 둘이 한꺼번에 슬픔의 늪에 빠져 있는 사태는 없었다. 각자 펫 로스를 자극하는 계기가 다른 듯하다. 내 경우에는 민트와의 생활을 떠올리게 하는 구체적인 사물이 눈에 띄면 발작적으로 울컥하는 일이 많았다.

5월 18일

아내와 둘이 오로지 걷고 있다. 하루 내내 거의 모든 시간 민트를 생각한다. 생각지 않을 때도 피부가 민트의 기척을 찾고, 그 부재가 가슴으로 밀려온다. 저녁때가 되면 아내가 몹시 힘들어한다. 밤에는 더욱 그렇다. 언제까지나 함께 있을 수는 없기에 함께한 시간이 보물이라는 것을 이성적으로는 알고 있지만, 한 번 함께했던 것을 잃는다는 건, 역시 견디기 어려운 일이다.

민트의 부재는 생각지 못한 곳에서 얼굴을 내밀었다. 예를 들면, 민트는 언제나 나와 아내의 이부자리 사이에서 잠들었는데, 어느 날 아침 두 이부자리 사이에 크게 생긴 빈틈. 이제까지는 잠든 민트가 이부자리 두 채를 꾹 누르고 있어 아침까지 빈틈이 생기지 않았던 것이다. 이쪽저쪽으로 벌어진 이부자리 두 채를 보고서 아내와 허망하게 웃고 말았다. 민트가 밤새 누름돌 역할을 단단히 하고 있었네, 싶어 슬프기도 했지만 역시 헛웃음이 나왔다.

까마귀와의 신기한 교류

이 무렵, 지금 생각해도 좀 신기한 일이 있었다. 집 근처 마루야마 공원에는 원시림이 있는데, 민트를 유모차에 태우고 그곳을 자주 산책했었다.

원시림은 말 그대로 홋카이도 개척 시대부터 보호하고 있는 수령 백 년이 넘는 거목들이 여기저기 남아 있는 녹음이 짙은 숲이다. 그 숲속에서 약간 빈터 같은 곳에 우뚝 서 있는 계수나무 밑이 민트와 우리가 좋아하는 장소였다. 민트가 떠난 후에도 절로 발걸음이 그리로 옮겨지는 일이 잦았는데, 어느 날 문득 그 계수나무 옆 나무에 까마귀 한 마리가 늘 앉아 있다는 걸 알았다. 울지도 않고 그저 가만히 앉아 우리를 지켜보았다. 처음에는 우연이겠지 했는데, 우리가 그곳에 나타나면 어디선가 날아와 늘 똑같은 나무에 앉았다.

민트가 죽은 직후에 민트가 남기고 간 간식을 계수나무 가지에 올려놓았는데, 그걸 봤는지도 모르겠다. 그 후로 까마귀에게 '구로'라는 이름을 붙여 주고 종종 만나러 갔다. 왠지 까마귀에게 민트의 영혼이 일시적으로나마 옮겨 간 듯한 느낌에, 그 모습을 보면 마음이 따스해졌다.

'구로'와의 교류는 그렇게 한동안 이어졌는데, 민트가 죽은 지 한 달 정도 지났을 무렵 까마귀가 홀연 사라졌다.

"민트가 걱정돼서 보러 왔나 보네."

아내와 둘이 그런 말을 하며 고개를 끄덕였다.

그리고 그 무렵부터 민트의 죽음을 조금씩 객관적으로 바라볼
수 있게 되었다.

6월 8일

저녁때가 되면 역시나 민트가 떠오르고 눈물이 난다. 그런데도
민트는 가장 좋은 시기를 선택하고, 가장 좋은 시간을 가늠하고,
우리에게 가장 타격이 적은 때를 살펴 떠났다고 생각하지 않을 수
없다. '그때'가 더 늦었으면 셋 다 지쳐 쓰러져 새 생활을 시작도 하
지 못한 채 집 안에 파묻혔을지도 모른다.

7월 4일

오늘 산책의 목적지는 바스크 치즈케이크 가게. 생각해 보니 민
트가 마지막으로 눈을 동그랗게 뜨고 맛나게 먹었던 것이 그 케이
크였다. 민트의 리퀘스트가 있었는지, 아무튼 오늘은 그런 날이다.
추억은 괴로운 것이라 여겼는데, 그 당시 행복했던 기분의 잔향이
솔솔 풍기는 듯해서 가슴이 따스해지기도 하고, 적적해지기도 하
고. 하지만 싫은 기분은 아니다. 아직 두 달밖에 지나지 않았다는
것이 믿기지 않을 만큼 고요한 격동의 나날이다.

아내와 나는 틈만 나면 아무튼 걸었다. 걷고 있는 동안은 신기하게 눈물이 나오지 않았다. 공원의 푸르름과 삿포로 근교 산들의 신록을 접하면, 조금씩 기운이 났다. 내 경우, 걷기가 질문 7의 '충격을 해소하는 데 도움 된 구체적인 방법'에 해당한다.

무엇보다 민트의 만년에는 집을 오래 비우기가 어려웠기 때문에, 이렇게 둘이 밖에서 시간을 마음껏 보내기는 오랜만이었다.

이제 집에 돌아갈 시간을 걱정하지 않아도 된다고 생각하면, 역시 일말의 허전함이 있었지만, 그래도 눈에 띄는 카페에 훌쩍 들어가 커피를 마시거나 런치를 먹으면서 자유롭게 시간을 보내다 보면 '이 시간은 민트가 준 선물'이라는 기분도 들었다.

7월 19일

작년 오늘, 우리 셋은 홋카이도 땅을 밟았다. 그리고 1년이 지난 오늘 민트가 없으리라고는 당시에는 전혀 상상치 못했지만, 그래도 민트가 이끌어 준 길을 따라 걷고 있다고 생각하니 마음은 밝다.

민트가 보내 준 메시지

이 무렵 상황을 쓸까 말까 망설였는데 슬픔이 치유된 일화로서 쓰기로 한다.

동물과 소통할 수 있는 '애니멀 커뮤니케이터'라는 사람들이 있다. 애니멀 커뮤니케이터의 힘을 빌리면 떠나간 자신의 반려동물과 소통할 수 있고, 그들의 '메시지'를 받을 수 있다고 한다. 혹자에게는 이런 말이 이상하게 들릴 수도 있지만, 반려동물과 함께 살아 본 경험이 있는 사람이라면 동물들에게 텔레파시 같은 신비한 소통 능력이 있다고 느낀 적이 분명히 있을 것이다. 그래서 나 역시 애니멀 커뮤니케이션에 대해 '가능할 수도 있다는' 생각을 갖고 있었다.

그런 참에 친구인 다카마쓰 아쓰미 씨가 애니멀 커뮤니케이션 공부를 시작했다는 말을 듣고, 흥미 차원에서 민트와의 소통을 시도해 보았다.

민트가 죽기 2년 전쯤의 어느 겨울날이었다. 그 시점에 이미 열일곱 살을 맞은 민트는 체력적으로 상당히 쇠하고 간간이 발작도 하는 상태여서, 주인으로서 걱정되는 일이 한두 가지가 아니었다.

다카마쓰 씨에게 사전에 민트의 사진과 함께 '민트에게 묻고 싶은 것'을 세 가지 정도 써서 보냈다. 그 동물을 직접 보지 않아도 사진이 있으면 기본적으로는 콘택트가 가능하다고 한다(다카마쓰 씨는 애니멀 커뮤니케이션 선생님 밑에서 수련 중이었다. 그 선생님과 함께 민트와의 커뮤니케이션을 시도했다).

내가 질문한 사항과 민트가 보내 준 메시지는 다음과 같다.

질문 1) 지금 뭘 원하니? 또는 하고 싶지 않은 것은?

민트의 대답: 나도 모르게 잠이 드는 때가 있어…… 천천히 마사지를 해 주면 좋겠어……. 고기가 먹고 싶네! ("닭고기를 좋아하는 것 같네요." - 다카마쓰 씨) 머리를 천천히 쓰다듬어 주는 게 좋아.

질문 2) 최근 들어 밥을 안 먹는 때가 있는데, 왜 그래?

민트의 대답: 내가 설사를 하고 토하면 치워야 하니까 미안해서. ("그런 걱정은 안 해도 된다고 전했어요."- 다카마쓰 씨)

질문 3) 앞으로 얼마나 같이 있을 수 있을까?

민트의 대답: 몇 년이나? 그렇게 길지는 않을 거야. 하지만 무리하고 있는 건 아니야. 나를 돌보는 것도, 꼭 이래야 한다는 생각에서가 아니라 둘이서 하고 싶은 대로 하면 돼. 그때 이렇게 했으면 좋았을걸…… 내가 그렇게 해 주지 못해서…… 그렇게 생각하지 않아도 돼. 지금은 편안한 시간을 보내고 있어. 모든 걸 다 똑바로 하지 않아도 돼! 내 걱정은 조금도 하지 마.

이 메시지를 받은 후에 다카마쓰 씨로부터 연락이 있었다. 그녀는 첫 질문에 대해서 이렇게 덧붙였다.

"음, 이동? 좀 싫은가 봐요. 자주 이동해요?"

'이동'이란 말을 듣고서 바로 짐작 가는 바가 있었다. 당시에는 여름휴가 때나 연말연시 등 긴 휴가가 생기면, 민트를 차에 태우고 길 때는 다섯 시간 정도 걸려 바다와 산으로 놀러 갔다. 나이 든 민트에게 벅찬 여정이겠다고 생각하면서도 현지에 도착하면 나름 즐거운 표정이어서 그만 먼 길을 나서곤 했다. 그런 데다 설 등 명절이 겹치면 민트를 일단 처가에 맡기고 친가(반려동물 사육이 금지되어 있는 아파트)에 들렀다가 데리러 가는 짧은 이동도 잦았다. 다카마쓰 씨가 전하는 민트의 모습은 그야말로 그런 때 뒷좌석에 앉은 민트의 모습 그대로였다. 나는 다카마쓰 씨가 마치 실제로 본 것처럼 그때 일을 얘기해서 놀라는 한편 역시 그랬구나 하고 납득했다.

"좌석에 웅크리고 앉아 힘겨워하는 민트 모습이 보였어요. 그리고 어딘가로 가는 분위기여서, 이동이 힘겨운가 보네 싶었고요. 내 경우는 반려동물이 전하려고 하는 게 영상으로 보이지만, 글자로 보이는 사람도 있어요. 애니멀 커뮤니케이터에 따라 그건 달라요."

그 후에 그 메시지에 대해 잊고 지냈는데, 민트가 죽은 후에 바로 기억이 떠올라 메일을 다시 열어 보았다. 그러자 처음 메일을 받았을 때는 어영부영 지나친 다음과 같은 한 줄이 눈에 날아들었다. 그 메시지에는 '민트가 아빠에게 특별히 보내는 메시지'라는 다카마쓰 씨의 메모가 덧붙어 있었다.

'엄마 마음이 진정될 때까지는 같이 있을 거야. 내가 떠나고 난 다음에 엄마가 패닉에 빠질까 봐 걱정이야. 그러니까 엄마를 잘 지켜

줘. 그리고 내가 떠나면 틈을 두지 말고 바로 새로운 아이를 맞으면 좋겠어.'

과연 민트다. '이건 역시 민트가 보낸 메시지가 맞아' 하고 생각하는 동시에 민트가 천수를 누렸다는 확신이 강해졌다. 아직 슬픔이 가시려면 멀었지만, 이 메시지를 읽고 슬픔을 많이 덜었다.

이 글을 쓰면서 다시 한번 다카마쓰 씨의 얘기를 들어 보았다. 다카마쓰 씨의 본업은 첨가물을 사용하지 않는 애견용 수제 푸드 브랜드 '칠린느 키친'의 경영인데, 애니멀 커뮤니케이션을 공부하게 된 계기는 자신의 체험이었다.

"그 선생님에게 전에 키우다 죽은 강아지와 소통해 달라고 부탁했거든요. '우리 처음 만났을 때, 기억해?' 하고 물었더니, '응, 하얀 옷 입고 있었어'라고 대답했대요. 그 말을 듣고 바로 통곡(웃음). 그날 하얀 옷 입고 있었던 거, 저도 기억하는 터라."

그 후에 애니멀 커뮤니케이션 공부를 시작, 지금은 의뢰를 받으면 한다는 자세로 임하고 있다.

그런데 과연 다카마쓰 씨가 말을 걸면, 모든 반려동물이 대답해 주는 것일까?

"그건, 아니에요. 말을 하지 않는 아이는 안 해요. 개에 비하면 고양이는 도도해서 그런지, 말을 잘 안 하는 편이에요. 반대로 하고 싶은 얘기가 있는 아이는, 우리 가게에 왔다가 주인이 돌아가려고 하면, 발을 잘 떼지 않기도 하고. 사료를 바꿔 달라고 얘기하는 경우가 많아요(웃음)."

그에 반해 주인 쪽에서는 '치료를 하느라 힘들게 해서 미안해' 하는 참회와 사죄의 마음을 전하고 싶어 하는 경우가 많단다.

"그런데, 그렇게 전하면 죽은 반려동물들이 대개 비슷한 대답을 해요. 뭐라고 하는지, 알아요?"

다카마쓰 씨는 정말 재미있다는 식으로 그들의 '대답'을 밝혔다.

"'새삼스럽게 무슨 말이야?'라고 해요. 다 지나간 일인데 뭘 그런 소리를 하느냐, 정말 이상하다, 그런 식으로요."

'믿거나 말거나 당신 마음입니다' 하는 얘기가 될 게 뻔하지만, 나로서는 '위로'가 되는 말이라 있는 그대로 쓴다.

민트가 보았던 '파란 하늘'

나의 일기를 다시 읽어 보며 조금 의외였던 일이 있다. 민트에 관한 기록이 죽은 지 두 달이 지나자 급격하게 줄어든 것이다. 내 기억으로는 반년 가까이 끌었던 것 같은데, 7월 19일에 이사 1년을 돌아본 후에 다소 긴 민트 얘기가 등장하는 것은 석 달이 지난 10월 19일 일이다.

10월 19일

아내는 또 민트가 생각나는지 요 이삼일 간 자주 훌쩍거린다. 그럴 만하다고 생각하는 한편, 나는 오히려 훌훌 털어 버린 느낌이다. 민트의 마지막 며칠을 돌이켜 보면, 하루라도 더 살아 달라고 하기가 미안할 정도로 힘겨워했으니.

지금 돌아보니, 민트를 떠올리며 운 것은 이 무렵이 마지막이었다. 어느 날 문득 '민트는 늘 어떤 풍경을 보고 있었을까?' 하는 의문이 들어, 그가 늘 앉아 있던 거실의 소파 옆에 드러누워 보았다. 기억을 더듬어 민트의 시선에 맞춰 보니 눈이 아릴 만큼 파란 하늘이 펼쳐졌다. '아, 저 하늘을 보고 있었구나' 하고 생각한 순간 눈물이 넘쳐흘렀지만, 왠지 안심되고 후련한 눈물이었다.

이후부터 나는 글 쓰는 사람으로 '펫 로스'와 마주하게 되었다. 개인적인 체험을 제삼자를 향해 언어화하는 작업은 나 개인의 경우, 펫 로스의 충격에서 보다 빨리 헤어나게 하는 역할을 했다. 〈주간문춘〉에서 기획안이 통과되어 12월에 담당 편집자와 미팅을 가졌다. 그 다음 날 일기에 이런 말이 쓰여 있다.

12월 10일

어젯밤에 좋은 꿈을 꾸었다. 어제 그런 얘기(미팅에서)가 오갔기 때문이라고 생각하지만, 민트가 죽은 후로 처음 민트가 꿈에 나타났다. 민트가 나와 아내 사이로 타박타박 걸어와 빙글 반 바퀴 돌고는, 머리를 내 발 위에 올려놓고 길게 숨을 내쉬었다. 살아 있을 때 몇 번이나 보았던 동작. 꿈인 줄 아는데, '이 감촉은 틀림없는 민트야' 하고 생각했던 그 감각. 내 안에서 무언가가 진행된 느낌이 든다.

'펫 로스'에 관한 글은 이듬해 2월 〈주간문춘〉에 실렸다. 이름 없는 필자의 글치고는 반려동물을 잃은 경험이 있는 사람들, 그런 경험이 없더라도 현재 반려동물을 키우는 사람들을 중심으로, 이례적일 정도로 반응이 컸다. 이때의 취재를 통해 생각한 내용이 이 책의 골격을 이루고 있다.

지금까지는 나와 민트의 이야기였고 다음 장에서는 설문 조사에 답해 준 여러 분들의 '이야기'를 풀어 보려고 한다.

제4장   펫 로스에 관한 설문 조사
45인의 이야기

이 설문 조사는 기본적으로 나와 아내의 친구, 지인, 또 그들의 지인 등을 대상으로 실시했는데, 사실 씁쓸한 반성도 있었다.

내가 설문 조사에 응해 줄 것을 부탁한 대상 중에는 K 씨도 있었다.

K 씨는 내가 주간지 기자로 일하던 시절의 선배 저널리스트로, 15년 이상이나 알고 지내 온 막역한 사이다. 풍부한 정보망에 바탕한 그의 깊고 정확한 정보에 몇 번이나 도움을 받았는지 모른다. 술자리에서 언제나 호탕하게 농담을 즐기는 K 씨가 간간이 눈물을 보이곤 했다. 이런저런 얘기를 하다가, 불운한 사고로 죽은 애견 얘기가 나오면 늘 눈물을 머금었다.

"거품을 물고 말이야, 내 이 품 안에서 죽었어."

그렇게 말하는 K 씨의 슬픔이 그 자리에 함께한 내 가슴에도 전해질 만큼 절절했다. 나는 무슨 말을 하면 좋을지 몰라 그저 고개만 끄덕거렸다.

그래서 이 기회를 빌려 K 씨에게도 설문 조사에 협력해 주십사 부탁드리는 내용의 메일을 보냈다. 그런데 K 씨로부터 다음과 같은 답변이 왔다.

펫 로스라니, 그런 말, 너무 슬프군. 모두들 그렇게 생각하겠네만. 특히 우리는 불운한 사고로 아이를 잃은 탓에, 지금도 그를 지키지 못한 나를, 나 자신도 아내도 계속 책망하고 있다네. 세월이 10년이나 흘렀네만, 그러나 지금도 그 상처에서는 피가 흐르고 있어.

그리고 마지막을 이런 말로 맺었다.

미안하군. 협력하고 싶지만, 무리일세.

K 씨의 고통을 내 눈으로 보았는데, 메일 한 통으로 그 상처를 헤집으려 했던 내가 얼마나 어리석었는지 깨달았다. 내 마음속에 오랜 지기인 K 씨에 대한 '어리광'이 있었다는 것을 인정하지 않을 수 없었고, 그 일은 지금도 후회하고 있다. 시간이 아무리 흘러도 자식이나 다름없었던 반려동물의 죽음으로 주인이 짊어진 마음의

상처가 완전히 사라지는 법은 없다. 딱지가 앉아 피가 멈춘 것처럼 보여도, 그 밑에는 여전히 핏자국이 선연한 상처가 있다.

설문 조사에 답하기 위해 펫 로스, 즉 반려동물을 잃은 경험과 기억을 다시금 끄집어내는 작업은 그 상처를 재삼 후벼 파는 일이다.

충분히 알고 있다 여기면서도 무심하게 부탁하고 말았다. K 씨를 비롯한 여러 분에게 사과하고 싶다. 더불어 설문 조사에 응해 주신 여러 분에게 재삼 감사의 말을 전하면서 온라인으로 실시한 설문 조사 내용을 정리해, 각각의 이야기를 소개한다. 구글 폼의 설문 조사 기능을 이용했고, 답변은 기술식, 45명의 답변을 받을 수 있었다(구두 답변 포함).

일하다 말고 통곡한 사진작가

가나가와현에 사는 사누키 씨(50대)는 사진작가이고, 내가 출판사에 근무하던 시절의 선배이다. 아무리 가혹한 조건의 현장에서도 마치 그림처럼 주도면밀하게 계산된 구도와 최고의 한순간을 담은 사진에 몇 번이나 감탄하곤 했다.

그런 사누키 씨가 달마티안 종 로반스(수컷)와의 만남을 이렇게 이야기했다.

"이웃에 사는 친척이 달마티안 브리더*인데, 강아지가 새로 태어났다고 해서 보러 갔어. 당시 세 살이던 딸이 그 가운데 한 마리에게 그야말로 '한눈'에 반하고 말았지. 집에 가자고 해도 계속 칭얼거리고 떼를 부리지 뭐야. 그래서 결국 며칠 후에 찾아가 그 아이를 데려왔지.

이름은 뭐라고 지을래? 하고 딸에게 물었더니 "로반스!" 하고 딱 부러지게 대답하더군. 이렇게 해서 로반스와의 생활이 시작되었는데, 2년 후에 이혼하는 바람에 아내와 딸은 집을 떠나고 로반스와 단둘이 지내게 되었어.

직업상 밤늦게 집에 들어가는 일이 많았는데, 로반스는 언제나 얌전히 기다려 주었지. 아침저녁으로 산책할 때, 로반스가 함께해 준 덕분에 그나마 규칙적인 생활을 유지할 수 있었다고 생각해."

그 후에 사누키 씨는 재혼하게 되는데, 그녀가 처음 집에 찾아와 로반스와 대면했을 때의 일이다.

"그녀와 소파에 앉아 있는데, 정말 '이 여자 누구야?' 하는 표정이더니, 둘 사이에 억지로 엉덩이를 들이밀더군(웃음). 아이가 태어

---

* breeder, 종자를 보존·개량하는 전문가

나자 얼마나 잘 돌보던지. 특히 둘째 녀석은 케이지 안에 기어 들어가 장난을 치는데도 로반스가 싫은 표정 하나 짓지 않고 같이 놀아 줬어. 마치 엄마나 할머니 같았지."

그러다 사누키 씨는 집을 새로 짓게 되었다. 그동안 불안정한 임시 주택에서 지내는 것보다 낫겠다 싶어 당시 열네 살이 된 로반스를 차로 30분 정도 떨어진 처가에 맡겼다.

"집이 무사히 완공되어 다시 함께 살게 되었는데, 갑자기 훅 늙어 버린 느낌이 들더라고. 자는 시간이 길어지고, 아이들이 장난을 쳐도 별 반응을 보이지 않고 말이야. 지금 생각하니, 떨어져 산 그 반년 동안 스트레스가 심하지 않았나 싶어."

어느 날 아침, 로반스가 이상하다는 걸 알아챈 사누키 씨는 바로 병원에 데려갔다. 호흡이 곤란한 상태였는데, 인공호흡기를 장착하자 다소 안정을 찾았다. 입원시키고 추이를 지켜보기로 했다.

그다음 날, 로반스를 걱정하면서도 사누키 씨는 아침 일찍부터 촬영 현장으로 향했다. 오후에 동물 병원 의사로부터 연락이 왔다.

"유감스럽지만, 조금 전에 조용히 숨을 거뒀습니다."

그날은 개인 주택에서 '수제 비누' 촬영을 하고 있었는데, 부보를 듣는 순간 사누키 씨는 털썩 주저앉아 통곡했다고 한다. 물론 그런 일은 처음이었다.

"촬영을 하던 집에서도 개를 키우고 있었는데, 그 개가 줄곧 내 곁에 있어 주었던 게 기억나는군."

촬영을 끝내자마자 병원으로 달려간 사누키 씨를, 송이송이 꽃 속에 잠든 것처럼 조용히 누워 있는 로반스의 모습이 기다리고 있었다.

"고통스러운 얼굴이 아니어서 그나마 다행이었지."

그런데도 한동안 '그때 처가에 맡기지 말고 같이 있었으면 더 오래 살 수 있지 않았을까' 하는 생각만 계속했다고 한다.

그 비통한 심정에서 어떻게 헤어나고 펫 로스를 극복했을까?

"아이들이 아직 어려서 육아에 정신이 없었던 때라, 살다 보니 점차 회복되더군. 끝없이 슬퍼할 틈이 없었다고 할지. 그래도 다시는 개를 키울 수 없을 거야."

그러나 그 후, 로반스가 키우다시피 한 둘째의 강력한 요구로 새 개를 맞았고, 그 개도 지금 아홉 살이 되었다고 한다.

내가 아는 사누키 씨는 얼굴에 감정이 잘 나타나지 않고 현장에 서도 불필요한 말을 거의 하지 않는 장인 기질의 사람이었던 탓에, 솔직히 펫 로스는커녕 개와 함께 생활하는 모습조차 상상할 수 없었다. 회사에서 로반스의 죽음에 대해 얘기한 적이 과연 있을까.

"회사에서도 그렇고 일에 관계된 사람들에게는 거의 얘기하지 않았어. 시간이 한참 흐르고 난 뒤에 얘기하게 되었지."

그런 사람이 묵묵히 일하면서 사랑하는 개를 잃은 슬픔을 견디고 있었나 싶어, 후배로서 자신의 관찰력은 그렇다 치고, '공인되지 않는 비탄'인 펫 로스의 한 단면이 엿보이는 듯했다.

10년 이상 지속된 '안락사'의 충격

'이 슬픔이 언제까지 계속될지 모르겠네.'
반려동물을 잃은 주인은 누구나 그런 생각을 한다.
'1년이려나, 혹은 5년이려나. 이 슬픔이 언젠가는 치유될까.'
앞에서 언급한 아이펫 손해보험 주식회사의 〈펫 로스에 관한 조사〉에 이런 조사 결과가 있다.

― 펫 로스 증상이 얼마나 계속되었습니까?
이 질문에 '3개월 미만'이 51퍼센트로 절반가량을 차지했다. '1년 이상'이 8퍼센트. '아직도 계속되고 있다'가 4.7퍼센트.

따라서 기간에는 개인차가 있는 듯하다.

그런데 10년 이상 계속되었다는 사람도 있었다.
홋카이도에 사는 요코 씨(40대).
요코 씨가 중학생 때, 요크셔테리어 '안주'가 요코 씨 가족이 되었다. 아버지의 지인 댁에서 태어난 강아지 중에서 한 마리를 얻게 되었는데, '가장 건강한 녀석으로 달라'는 아버지의 한 마디로 선택된 아이가 안주였다. 이름은 혈통서에 기록된 'Angel'의 프랑스식 발음을 흉내 내어 지었다고 한다.

"고등학교 입시 때문에 공부를 하고 있으면 무릎에 올라앉아 재롱을 부렸어요. 상대를 해 주지 않으면, 뒤에 놓인 쿠션에 누워 코를 골골 골며 잠들었죠."
중학생이었던 요코 씨에게 매일 밤 같은 이불에서 자는 안주는 동생 같은 존재였다.
열세 살이던 가을, 부모님의 결혼기념일에 안주를 데리고 드라이브에 나섰다. 집에 돌아온 다음 안주가 구토를 했다. 장시간 드라이브를 해서 멀미를 하나 했을 뿐, 별 신경 쓰지 않았다.

"그리고 며칠 후에 미용을 받으러 갔더니, 미용사가 귀밑에 혹같은 게 생겼으니 빨리 병원에 가 보는 게 좋겠다고 해서, 바로 병원에 데리고 갔어요."

진단 결과는 '말기 림프종'이었다. 항암제 치료가 일반적이지 않은 시절이었다. 치료 방법은 거의 없었다. 면역요법을 시도해 봤지만, 상태는 날로 악화되었다.

"고열이 계속되고, 밥도 먹지 못하고, 그러다 실명. 배설도 혼자 힘으로는 할 수 없는 상태가 되었어요. 밤이면 고통스럽게 울었고요."

동물 병원을 몇 군데나 돌아다니며 다른 소견을 청해 보았지만, 효과를 볼 수 있는 방법은 없었다.

"의식이 또렷하지 못하고, 내장 출혈도 있어서 빈혈 상태입니다. 수혈을 할 수도 있지만, 그러다 사망할 가능성도 높아요."

마지막 찾은 병원에서 의사는 그런 소견을 보였다. 요코 씨와 아버지는 결단을 내렸다.

"안주가 힘들어하고 있다는 말도 들었어요. 3주간 거의 안주 곁을 떠나지 않았던 아버지가, 당신 체력도 한계에 부딪혔다면서 '안락사'를 결정했습니다."

마지막 순간, 요코 씨가 안주를 꼭 안고 있었는데, 축 늘어져 있던 안주가 숨이 막힌다는 듯이 몸을 비튼 광경이 머리에 각인되고 말았다고 한다.

"더 살고 싶었던 건 아닌지, 겁이 났던 건 아닌지. 얼마나 슬프고 후회했는지 몰라요. 그리고 1년을 잠도 제대로 못 자고 거의 매일 울다가 아침을 맞았습니다. 그럭저럭 일상생활을 하기는 했지만, 다른 개를 볼 때마다 울음이 북받쳤어요."

그래도 시간이 흐르면서 우는 일도 줄었고, 안주의 죽음을 현실로 수용하게 되었다. 그리고 10년이 지나서야 겨우 새로운 개를 키우게 되었다고 한다.

"위안이 되더군요. 물론 안주를 대신할 수는 없고 그러고 싶지도 않지만, 애정을 쏟을 수 있는 대상이 있다는 게 역시 큰 위안이 되더군요. 반려동물의 죽음은 피할 수 없는 미래입니다. 하지만 그이전에 행복한 기억이 무수한데, 그 행복한 기억을 슬픔으로 지워버리는 건 너무 아까워요."

구미에서는 말기에 있는 반려동물을 '안락사'시키는 조치를 아주 일반적으로 받아들이는데, 일본에서는 아직 거부감이 크다. 당시에는 더욱 그랬을 것이다. 그런 상황에서 안주의 존엄을 위해 요코 씨 아버지가 취한 선택에 경의를 표하고 싶다. 한편 그런 선택으로 치러야 할 대가가 엄청나다는 것을 인식하게 되는 경우도 있다.

가나가와현에 사는 레이코 씨(50대)에게 골든 레트리버 '아인(독일어로 1이라는 뜻)'은 이름 그대로 최고의 친구였다고 한다.

"어렸을 때는 장난이 얼마나 심했는지, 작은 화분이나 빗자루를 물고 마당을 막 돌아다녔어요. 가족에게 들었는데, 내가 외출했다가 1킬로미터 떨어진 역에 내렸을 무렵이면 벌써 현관에 나가 슬리퍼를 입에 물고 꼬리를 흔들며 기다렸다고 하더군요. 겁이 많아 징징거리면서도 같이 산에 오르고, 늪지를 산책하고, 많은 곳에 갔어요."

그런데 나이 든 아인의 머리에서 종양이 발견되었다고 한다. 발작 증세를 보이면서 몸에 이상이 생겼고 긴 투병 끝에 사망했다.

"너무 슬펐어요. 눈에 무슨 막이 낀 것처럼 현실 세계가 부옇게 보이는 감각이 계속되었어요. 아인을 화장장에 데려갈 생각도 할 수 없어, 친구가 알아서 모든 뒤처리를 다 해 주었어요. 그런데도 아이가 어리다 보니 몸은 바삐 움직여야 했지만, 마음은 그냥 거기에 멈춰 있었어요."

그 상태가 10년 이상 계속되었다고 한다.

"이렇게 계속 슬퍼하고 아인이 힘들어했던 기억만 떠올리는 것을 아인은 바라지 않겠죠. 물론 그건 아는데, 지금도 그 슬픔에서 벗어났는지, 솔직히 잘 모르겠어요. 그래도 시간이 흐르면서 조금씩 회복되어 가는 것은 분명합니다."

회복으로 돌아선 계기는 임시 보호견을 입양할 사람을 찾는 자원봉사 활동이었다.

"자원봉사 활동을 하면서 보호 시설에 있는 아이들과 교류하다 보니, 아인이 아니면 절대 안 된다는 집착이 조금씩 줄어든 것 같아요. 이런 말도, 아인이 저세상으로 간 지 15년이 지난 지금에야 할 수 있게 되었어요. 지금도 아인이 보고 싶으면 울먹이곤 하는데, 그럴 만큼 관계가 돈독했던 추억을 소중하게 간직하고 싶네요."

사실 레이코 씨는 아내의 친구로, 만년의 민트와 우리에 대해서도 잘 알고 있다. 그런 그녀가 민트가 세상을 뜬 후에 아내에게 이런 말을 해 주었다.

"그래도 '밀월'이었네."

혼자 힘으로는 배설도 제대로 하지 못하는 민트를 가운데 두고 셋이 나란히 누워 보냈던 밤, 더없이 불안하고 적막했지만 듣고 보니 정말 '밀월'이라고 할 수 있을 만큼 농후한 시간이었다. 레이코 씨의 그 말이 당시 큰 위안이 되었는데, 설문 조사에 답한 내용을 읽으면서 레이코 씨 자신이 아인과 그야말로 '밀월' 같은 시간을 보냈기에 할 수 있는 말이었다는 것을 깨닫고, 새삼 고마웠다.

꿈에 나타나면 회복의 신호?

사이타마에 사는 Y 씨(40대)는 오래도록 고민한 끝에 펫숍에서 시베리안 허스키 강아지를 한 마리 데려와, '이브'라고 이름을 지어 주었다. 펫숍에서 한 번 보고는 늘 눈에 아른거리던 아이였다.

"개인데 멸치와 채소를 좋아했죠. 뭐라고 말을 걸었을 때 귀에 선 단어가 들리면 고개를 갸우뚱거리고, 그런 사소한 기억만 떠오르네요. 아무튼 정말 착한 아이였어요."

열여섯 살이던 어느 날 밤이었다. 다음 날 Y 씨는 외국으로 떠날 예정이었다. 그런데 끙끙거리며 우는 듯한 소리가 들려서 이브가 있는 마당으로 나가 보았다. 딱히 어딘가 불편해 보이지는 않았는데.

"결국 그 밤이 이브와 지낸 마지막 시간이 되었어요."

Y 씨는 외국에서 돌아와서야 이브가 가족 곁을 떠났다는 사실을 알았다.

"제 인생에서 그렇게 많이 운 적이 한두 번이나 있을까요."

이브의 마지막을 지킨 Y 씨의 어머니는 "영혼이 빠져나간 몸이 신기하게도 참 아름다웠단다" 하며 사진을 보여 주었다.

"힘겹게 버티고 있을 때는 털이 눅진하게 들러붙은 느낌이었는데 왠지 포슬포슬하고, 표정도 평화로워서 다소나마 위로가 되었어."

어머니는 그렇게 말했지만, Y 씨는 이브가 떠오를 때마다 눈물이 넘쳐흘렀다. Y 씨는 그 '슬픔의 세계'에서 빠져나오는데 3년이라는 시간이 걸렸다. 3년 후에 무슨 일이 있었던 것일까.

"좀 비과학적인 얘기가 되겠지만, 꿈에 이브가 나타났어요. 이브가 얼마나 차분하던지, '고상한 개'의 분위기가 보였답니다. 그리고 나를 향해 미소 지으면서 괜찮다고 말해 주는 느낌이 들었어요. 그 전까지 좀 더 어떻게 해 줬더라면 좋았을 걸 하는 후회와, 이브는 우리와 살면서 행복했을까 하는 무의미한 생각만 했는데, 꿈에서 이브의 모습을 보고부터는, 저세상에서 평온하게 잘 지내고 있나 보다고 생각하게 되었어요."

앞에서 쓴 대로, 나 역시 비슷한 경험을 한 적이 있다. 민트가 죽은 지 7개월 후에 그가 처음 꿈에 나타났다. 절망과 슬픔에 찼던 긴 시간이 지나고 조금은 앞날을 생각하게 되었다고 느끼기 시작한 시기였다.

Y 씨의 경험과 나의 경험에 비추어, 죽은 반려동물이 꿈에 나타나면 그리프 워크가 한 단계 진행된 신호라고 볼 수 있을 듯하다.

고령자가 감당해야 하는 펫 로스

가나가와현에 사는 구마자키 씨(80대)는 이번 설문 조사에 답변을 주신 분 가운데 가장 나이가 많다. 원래는 딸이 '시집을 가면 아파트에 살 거니까, 단독주택에 사는 지금밖에 개를 키울 기회가 없다' 하면서 부모님을 하도 졸라서 미니어처 닥스훈트를 입양하게 되었다. 구마자키 씨 가족은 모두 음악을 하는 사람들이라, 개의 이름도 '말러'라고 지었다. 그리고 이어서 '쇼팽'을 또 입양했다.

그런데 말러가 열두 살, 쇼팽이 열 살 때 구마자키 씨의 남편이 세상을 떠났다.

"하루빨리 남편을 뒤따르고 싶다는 생각밖에 없었던 나를 개들이 붙잡아 주었어요. 개들과 함께 있으면, 마음속의 모든 고뇌와 고통에서 해방되는 것 같았습니다. 특히 가족에게도 말할 수 없는 불만과 투정을 조용히 들어 주던 모습이 인상에 남아 있습니다. 그러고 나면 간식을 먹을 수 있다는 걸 잘 알고 있었죠."

음악 선생이었던 구마자키 씨는 산책을 하다 나무 밑에서 동요를 노래하는 일도 있었다. 그런 때 말러와 쇼팽은 앉아서 가만히 들어 주었다. 그렇게 귀여운 아이들이었지만 '개는 개로(인간 취급하지 말고) 대해야 한다' 하던 수의사의 가르침을 지켜 사람이 먹는 음식은 주지 않았다. 구마자키 씨는 그게 좀 후회가 된다고 한다.

"사실은 먹고 싶지 않았을까요. 물어보고 싶네요. 우리가 식사할 때면 침을 질질 흘리던 모습이 자주 떠올라요."

그 후에 구마자키 씨의 딸은 결혼해서 집을 떠났다. 말러와 쇼팽의 마지막은 구마자키 씨 혼자서 지켰다.

"두 마리 다 제 품에서 떠났어요. 말러는 숨을 거두기 두세 시간 전에 왕왕, 힘차게 짖었답니다. 수의사에게 그 얘기를 했더니 '그동안 고마웠습니다' 하고 인사를 한 거라더군요. 쇼팽도 몸을 거의 움직이지 못할 때, 밤에 왕왕 짖더라고요. 그래서 오늘 밤에 떠나겠구나, 하고 생각하니까 눈물이 펑펑 쏟아졌어요. 자정이 조금 지나서 눈물을 뚝뚝 흘리는 내 얼굴을 물끄러미 쳐다보더니, 가만히 눈을 감고 천국으로 떠났어요. 그 순간, 내 품 안에 있는 쇼팽의 몸에서 힘이 빠져나가는 것을 알 수 있었답니다."

말러도 쇼팽도 열여섯 살이었다. 구마자키 씨는 그들을 혼자 화장장에 데려갔다. 그 슬픔도 혼자 마주해야만 했다.

"남편이 떠나고, 자식들도 모두 집을 떠나고, 홀로 남았다는 사실을 직시하기가 괴로웠어요. 새 개를 다시 입양해 볼까 싶다가도 내 나이를 생각하니 어렵겠고, 주위에서도 반대를 하는 탓에 새로운 개와 지내면서 마음을 다스릴 수도 없었어요. 그래서 더 힘들었습니다."

그래도 시간이 흐른 지금, 다소는 치유되었다고 느끼는 순간이 있다고 한다.

"말러랑 쇼팽이랑 산책 다녔던 길을 걸으면서 계절이 바뀔 때마다 꽃도 보고 과일나무도 보고. 내 얘기도 들어 주고 노래도 들어 주던 나무 아래서 그때 풍경을 떠올리면, 마음이 조금은 위로가 되어요."

구마자키 씨의 인터뷰 내용은 손녀가 녹음해 주었다. 그녀는 '할머니 같은 고령자는 펫 로스를 이겨 내기가 더욱 힘들 것 같네요' 하는 메모를 덧붙였다. 정말 옳은 말이다. 각각의 가정마다 사정이 있을 테니 일괄해서 말할 수는 없겠지만, 그 글에서 구마자키 씨가 말러와 쇼팽에게 쏟은 고요하면서도 강한 애정이 절절하게 느껴지는 만큼, 어떻게든 새로운 개와 지낼 수 있는 방법은 없을지 생각하게 되었다.

그러나 다시 개를 입양하고 싶어도 주인 없는 개나 고양이를 입양자와 연결하는 보호 단체에 입양자 나이 제한이 있는 경우가 많아 실제로는 용이치 않다. 한 예로 도쿄도에는 동물 애호 상담 센터에서 보호하고 있는 개의 양도 조건 중에 입양자의 나이를 '20세에서 60세'로 제한한 항목이 있다.

그 이유는 '개의 수명을 15년, 주인의 건강 수명을 75세로 상정하고, 주인이 마지막까지 책임을 다해 동물을 키울 수 있도록' 하려는 것이다. 동물 복지 관점에서는 당연한 배려지만, 한편 고령자일수록 펫 로스로 고통받을 가능성이 높은 것도 사실이다.

앞에서 언급한 아이펫 손해보험 주식회사의 펫 로스에 관한 설문 조사를 다시 참고하면 펫 로스가 지속되는 연령대별 기간은 이렇다.

· **15세에서 39세 사이** - 한 달 미만 약 60퍼센트
　　　　　　　　　　　 - 1년 이상 10퍼센트 미만

· **60대**　　　　　　　 - 한 달 미만 약 40퍼센트
　　　　　　　　　　　 - 1년 이상 20퍼센트 이상

초고령화 사회에 진입한 나라로서, 고령자의 펫 로스에 어떻게 대처해야 할 것인지 사회 전체가 고민해야 할 과제라고 본다.

'강경 수단'으로 개를 키웠던 여동생의 죽음

지바현에 사는 나유타 씨(40대)의 집에서는 개를 키우는 것에 가족 모두가 부정적이었다. 단 한 사람, 강아지를 키우고 싶다고 울부짖었던 나유타 씨의 여동생을 제외하고는.

그런 여동생이 어느 날 펫숍에서 운명의 개를 만나고는 '강경 수단'에 나섰다.

"2층에서 키우면 들키지 않을 거라는 근거 없는 확신을 갖고, 가족에게는 비밀로 하고 케이지와 사료를 준비했어요. 가족이 그걸 보고 뭐라고 하자, '내일 강아지를 데려올 거야. 2층에서 키울 거니까 걱정 마' 하고는 다음 날 정말 함박웃음을 지으며 강아지를 데려왔지 뭐예요."

여동생은 붓펜으로 '치요'라고 쓴 종이를 벽에 붙였다. 이름까지 이미 정해 놓은 것이다. 그러나 치요는 곧바로 가족의 일원이 되었다.

"언덕을 뛰어서 오르는 걸 좋아해서, 아무도 없는 산비탈을 함께 뛰어오르곤 했어요. 늘 앞서가서는 '아직이야?' 하는 표정으로 돌아보았죠."

그러던 어느 날, 여동생이 집에서 급사했다.

"동생이 죽었을 때 치요는 싸늘해진 그녀 발치에 몸을 웅크리고 서 떠날 줄을 몰랐어요."

그 일로 나유타 씨의 어머니가 울고 있자, 치요는 어머니의 발을 톡톡 치다가 무릎에 올라앉았다. 누군가가 울면 치요는 꼭 그랬다.

치요는 열여덟 살까지 살았다. 인간으로 치면 백 살 넘어까지 산 것이다. 치요가 '그때'를 향해 점점 쇠해지고 있을 때, 나유타 씨는 연수 때문에 도쿄를 떠나 기후현의 산속에 있었다. 가족으로부터 그곳으로 '위독하다' 하는 연락이 왔다. 연수 도중에 황망히 빠져나와 마지막 밤 버스를 타고 7시간 걸려 집으로 돌아갔다. 연수를 받으러 가기 전과는 너무도 다르게 깡마른 치요의 모습이 기다리고 있었다.

"얼마나 당황했는지, 오일 마사지를 하면서 몸을 따뜻하게 쓰다듬어 주었어요. '평온하게 죽을 수 있도록 하자' 하는 생각은 아예 없었습니다. 반드시 기운을 되찾을 거라는, 이대로 죽어서는 안 된다는 생각에 사로잡혀 있었다고 생각되네요."

밤새워 간병할 요량으로 같이 이부자리에 누웠는데, 밤 여행에 피곤했는지 한 시간 정도 선잠이 들고 말았다. 번쩍 눈을 뜬 시간이 새벽 4시. 살며시 치요의 배를 만져 보니 아직 숨을 쉬고 있었다. 손을 뗄 수가 없어 그대로 있었는데 잠시 후에 후, 하고 마지막 숨을 쉬고는 떠났다.

"아, 숨을 거두는 순간을 알 수 있구나, 하고 냉철하게 생각했던 기억이 나네요. 떠나기 전에 깨웠나 보다라고, 사람 편리한 대로 생각하기도 했고요."

나유타 씨는 지압과 마사지 등으로 몸을 치유하는 일을 하고 있다. 그 덕분인지 치요의 죽음을 자연 현상으로 바라보는 시선은 한없이 냉철하고 객관적이다.

"'육체는 그릇'이라는 말을 들은 적이 있는데, 그 의미를 처음 알았어요. 숨을 거두는 순간, 눈에서 물기가 갑자기 사라지고, 시간이 지나면서 몸이 경직되더군요. 따뜻했던 몸이 마치 종이 상자처럼 전혀 다른 물체로 변했어요. '아, 이건 치요가 아니야. 정말 그냥 그릇이네' 하고 실감했습니다."

그렇다고 치요를 잃은 슬픔이 지워지는 것은 아니다.

"내가 해 주지 못한 일, 하고 만 일, 마지막이 내가 그려왔던 이상적인 상황이 아니었다는 것. 그런 생각만 하면서 후회가 막심했어요. 그러다 끝내는 우리 집이 아니라 다른 집에서 키웠다면 치요가 훨씬 더 행복하지 않았을까, 하는 생각까지 들고 말았죠."

나유타 씨 역시 펫 로스라는 말에 무척 거부감을 느낀다고 한다.

"치요의 죽음이 슬퍼서 몇 년이 지나도록 눈물이 흘렀지만, 치요

자체를 잃은 것은 아니잖아요. 아직도 내 옆에 있는 것 같고, 실제로 말을 걸기도 해요. 조카를 그만 '치요'라고 부를 정도로(웃음)."

답변의 마지막에 나유타 씨는 이런 말을 썼다. 좀 길지만, 그대로 인용한다.

'설문 조사에 답변을 쓰자니 조금 용기가 필요했습니다. 하지만 쓰고 나니 상상했던 것과는 달리 무수한 기억이 밀려오네요. 따뜻한 햇살이 쏟아지는 툇마루에 푹신한 방석을 깔고 앉아 치요의 등을 쓰다듬으며 느긋하게 보냈던 시간.

내 운동복 속에 들어가 몸을 옹그리고 코를 골았던 따뜻한 몸.

좋아하는 산비탈을 뛰어서 다 올랐을 때 의기양양해하던 얼굴.

고구마를 삶기 시작하면 다 삶길 때까지 찜통을 뚫어져라 쳐다보았던 진지한 눈길.

벨벳처럼 까맣게 빛나던 털과 냄새 나던 귀.

감촉도 냄새도 목소리도 알알이 떠오르네요. 치요千与는 이름 그대로 천 가지 선물을 해 줬어요. 그 점은 지금도 달라지지 않아요. 함께 지냈던 행복한 시간을 이렇게 하나하나 되새기고 곱씹고 있습니다. 질문에 답하면서 그냥 머리로만 생각하는 게 아니라 입으로 말하고, 글자로 쓰고. 그 모습을 그리고. 이렇게 정성 가득한 시간을 갖는 것이 '잃었다'는 사실에만 얽매여 있던 마음을 어루만져 주고, 행복했던 시간과 관계를 보다 확실하게 해 주어, 마음의 버팀목이 되는 게 아닐까 하고 느꼈습니다.

슬픔이 사랑으로 승화되는 귀한 기회였습니다. 감사합니다.'

앞에서도 썼지만, 이 설문 조사 자체가 응답자들의 트라우마를 헤집는 작업을 강요하는 것은 분명하다. 답변을 부탁하면서도 속으로는 그 점이 줄곧 마음에 걸렸다. 그래서 더욱이 나유타 씨의 이 말에 큰 힘을 얻었다.

신이 준 선물 같았던 1년

홋카이도에 사는 삿코 씨(40대)는 그 강아지를 펫숍에서 만났다.

"생후 3개월 된 포메라니안인데, 다른 형제들은 다 분양되고 혼자 남아 있었어요."

삿코 씨가 안아 주자, 강아지가 날름 얼굴을 핥았다.

"이 아이가 손님을 핥는 건 처음이에요."

점원이 그렇게 말해 놀랐다. 데려와서 옛날에 좋아했던 영화의 주인공 이름 '플루크'로 이름을 지었다. 독신 시절부터 둘이 살아, 플루크는 듬직하고 귀여운 외아들 격이었다.

열한 살 때, 강아지 때부터 병치레가 잦았고 때로 토하기도 했던 플루크가 신부전 진단을 받았다. 이때 삿코 씨는 어떤 결심을 하게 된다.

"신부전 판정을 받았을 때, '이제 낫지 못하는구나, 이러다 언젠가는 죽는구나……' 하고 각오를 다졌어요. 하루하루를 소중하게, 모든 것을 마음에 새기면서 사랑을 쏟았지요. 신부전 말기에는 점차 식욕이 없어지기 때문에, 정말 끝이 오면 먹고 싶어 하는 것을 마음대로 먹이겠다고 생각했어요."

동물 간호사 자격증이 있고 과거 동물 병원에 근무했던 적도 있는 삿코 씨는 신부전이라는 말이 뭘 의미하는지 잘 알고 있었다. 집에서 피하 수액(피하에 주삿바늘로 링거액을 투여하는 것)을 하고, 식욕이 없을 때는 사료를 따뜻하게 데워서 손으로 떠먹이는 등, 할 수 있는 모든 것을 다했다.

"동물 병원에서 일한 적도 있지만 사실 피하 수액을 할 때마다 고전했어요. 바늘을 잘못 찔러서 붓기도 하고. 플루크에게는 정말 미안하네요. 얌전한 아이였지만, 엄청 싫어하고 몸부림도 쳤는데……. 남편과 둘이 붙잡고 날마다 거사였죠. 그래도 플루크가 잘 견뎌 준 덕분에 한때 상태가 좋아져서 예전보다 기운이 펄펄했어요. 그 무렵 벚꽃이 아름다운 장소로 산책한 멋진 추억이 있습니다."

그러나 이별의 시간은 불쑥 찾아왔다. 신부전 진단을 받은 지 꼭 1년이 지난 어느 날, 갑자기 경련을 일으키더니 최선을 다한 치료에도 결국 사흘 후에 세상을 떠났다.

"마지막에는 강아지 때부터 봐 주던 선생님이 밤을 새워 가며 마취제 투여를 조절하면서 경련을 억제하려고 애썼지만, 신부전인 플루크의 몸이 마취를 견뎌 내지 못했어요."

'갑작스러운 이별'의 충격은 뒤늦게 찾아왔다.

"떠난 직후에는 장례 절차 때문에 플루크에게 어울리는 귀여운 제단을 사들이고, 거기에 올릴 사진을 고르는 등 여러 가지를 하느라 정신이 없었어요. 그때가 10월 말이었는데, 해가 바뀔 무렵부터 점점 슬픔이 깊어져 날마다 제단 앞에 앉아서 울었어요. 마지막에는 먹고 싶어 하는 것을 먹고 싶은 만큼 먹이겠다고 다짐했는데, 너무 갑자기 떠나서 그럴 수도 없었고, 사실 병원이 아니라 집에서 떠나보내고 싶었어요. 지금도 여러 가지로 후회가 많아요."

그럼에도 삿코 씨는 응답의 마지막에 이렇게 덧붙여 주었다.

"그래도 마지막 1년, 신부전 치료를 열심히 했고, 하루하루 소중한 시간을 함께하면서 그 모습을 마음에 새길 수 있었던 것, 정말 다행이라고 생각합니다. 신이 주신 선물 같은 1년이었어요."

플루크가 죽고 반년이 지났을 때, 삿코 씨는 새로운 개를 맞아들였다. 그 개도 지금 여섯 살이 되었다고 한다.

"새로 데려온 아이도 포메라니안입니다. 솔직히 다른 견종이나, 같은 포메라니안이라도 털색이 다른 아이를 데려오려고 했어요. 그런데 결국 플루크와 털색이 똑같은 아이를 데려오고 말았네요 (웃음). 지금도 때로 플루크를 떠올립니다. 아마 평생 가겠죠. 그러니 후회를 안 하는 것은 어려울지 모르지만, 마지막 기간에 할 수 있는 모든 것을 다할 수 있다면 펫 로스도 다소는 완화되지 않을까 합니다."

그리고 내가 아는 한, 반려동물은 주인이 할 수 있는 모든 것을 다했다고 생각하게 될 때까지 힘내서 함께 살아 준다.

개일 경우와 고양이일 경우, 펫 로스는 어떻게 다른가

설문 조사 응답지를 읽으면서 불현듯 알게 된 것이 있다. 개를 잃은 주인과 고양이를 잃은 주인은 슬퍼하는 양태가 조금 달랐다.

그 차이를 언어로 표현하기는 쉽지 않은데, 굳이 말하자면 고양이를 잃은 사람은 고양이가 세상을 뜬 후의 일상생활에서도 고양이의 '존재감'을 느끼는 사람이 많았다. 그래서 두 손으로 꼭 안아 줄 수 없는 답답함과 공허함을 보다 강하게 느끼는 듯했다.

앞에서 소개한 아베 씨는 이렇게 말한다.

"아마 그건 고양이와 집의 연대감이 얼마나 강했느냐에 따라 다르지 않을까 합니다. 개에게나 고양이에게나 집은 아주 소중하고 중요한 장소지만, 밖에 나가 산책하지 않는 고양이는 보통 거의 백 퍼센트 집 안에 있죠. 그러니 주인으로서는 집 안의 온갖 곳에서 고양이와의 기억과 추억을 떠올리게 되겠죠. 개든 고양이든 잃은 슬픔의 깊이는 다르지 않겠지만, 집과의 연대성이 강한 만큼 고양이를 잃은 상실감과 부재감을 보다 강하게 느끼는 경향이 있지 않을까 합니다."

지금까지 개를 잃은 체험담을 소개했으니, 다음은 고양이를 잃은 사람들의 체험을 소개하겠다.

순도 100퍼센트의 '오직 슬플 뿐이다'

"지금은 생각도 할 수 없지만, 비행기에 화물로 태운 새끼 고양이 혼자 하네다에 도착했어요. 저는 공항 수화물 인수처에 가서 데려왔고요."

도쿄에 사는 K 씨(50대)가 옛일을 그리워하는 눈길로 하코다테에 있는 브리더에게 구입한 스코티시폴드와 만났던 장면을 들려주었다. 집에 돌아올 때까지 바구니를 열 수가 없었는데 집에 돌아와 겨우 처음 본 순간, 그 말랑말랑하고 조그만 몸과 압도적인 귀여움에 그냥 홀딱 넘어가고 말았다고 한다. 이름은 조그만 몸에 어울리게 '쪼꼬미'라고 지었다.

"새침해서는 거의 장난도 치지 않았어요. 동물을 그다지 좋아하지 않는 남편과 딸도 금방 적응해서, 쪼꼬미는 가족의 일원이 되었지요. 원래 사람과 눈을 잘 마주치는 아이였는데, 일고여덟 살쯤 되니까 더욱 마음이 잘 통하게 되었죠. 내 얼굴을 쳐다보면서 쪼르르 무릎으로 올라올 때는 서로의 몸에서 부드러운 파동이 나오는 것처럼 느껴졌어요."

그러던 어느 날, 쪼꼬미의 상태가 좀 이상해서 유명한 수의사가 있는 동네 동물 병원에 데려갔다. 유명한 만큼 진찰은 꼼꼼하게 해주었지만, 그 수의사는 "뭐, 원래가 기형이니까……" 하고 말했다고 한다.

"얼마나 화가 나던지, 한동안 그 동물 병원에는 가지 않았어요."
지금은 스코티시폴드의 특징인 '접힌 귀'가 골연골이형성증이라는 유전질환의 산물이며, 그 결과 골격에 이상이 생기기 쉬우며 성장하면서 통증이 생긴다는 것이 잘 알려져 있지만, 당시는 아는 사람이 많지 않았다.

"지금도 스코티시폴드에 대해서는 뭐라 말하기 어려운 마음이 있지만, 당시의 저는 정말 무지했어요. 그래도 인연이 있어 우리에게 와 준 쪼꼬미를 더없이 사랑하면서 소중하게 키웠어요."

쪼꼬미는 열한 살까지 살다 세상을 떠났다.
"상태가 눈에 보이게 나빠지고부터는 집에 들어가기가 무서웠어요. 집에 들어갔을 때 아직 살아 있을지, 그게 두려웠던 것이죠. 하지만 결국은 집에서 제가 마지막을 지켰습니다."
근처에서 반려동물 화장장을 찾아 사람과 똑같은 순서로 정성스럽게 화장했다. 직원이 타고 남은 뼈에 대해 설명까지 해 주어서 조금은 마음의 짐을 덜었다.
"쪼꼬미가 세상을 떠난 후의 감정은⋯⋯. 그냥 오로지 슬펐어요. 순도 100퍼센트의 슬픔이었어요. 이렇게 다른 어떤 감정도 섞이지 않고 순전히 슬플 수도 있나 싶은 게, 저로서도 발견이었습니다. 그래도 이별의 의식을 반듯하게 치른 것이 마음 정리를 하는 데 효과가 있었다고 봐요."

쪼꼬미가 떠나고 2년이 지나 K 씨는 다른 고양이를 맞아들였다.

"쪼꼬미가 고양이가 얼마나 좋고 멋진 동물인지 가르쳐 주었거든요."

그래서 더욱이 '생명의 릴레이'를 이어갈 수 있지 않을까.

돌아가신 어머니가 꿈속에서

도쿄에 사는 욘하치 씨(40대)는 별생각 없이 들른 펫숍에서 파란 눈의 페르시안 고양이에게 한눈에 반하고 말았다.

"눈이 마주치는 순간 "야옹!" 하고 울어서 그만. 마치 요정 같은 모습이었습니다. 다른 사람이 데려가지 못하게 그 자리에서 계약금을 지불할 만큼 충격적인 만남이었어요."

첫인상을 따라 이름을 '페어리'라고 지었다. 고양이는 표정에 변화가 없으면서도 변덕이 심하다는 이미지가 있었는데, 페어리는 자신을 인간이라고 여기는 게 아닐까 싶을 만큼 자기주장이 강하고 희로애락의 표현이 풍부한 고양이었다.

"새끼 고양이일 때는 인간이 보호하고 있는 기분이었는데, 성장하고 나니까 오히려 그 반대가 되었어요. 내가 일에 지쳐 돌아와 소파에서 잠이 들면 살며시 다가와 같이 자 주기도 하고, 눈이 마주치면 야옹 울면서 뭐라고 말을 해 주는, 마음씨가 곱고 도도하면서도 정말 사랑스러운 존재였습니다."

그런데 페어리는 고양이면서 벌레를 싫어했다. 어느 때, 페어리가 은하치 씨 옆에 와서 야옹야옹 조그맣게 울어 댔다. 너무 오래 울어서 그 뒤를 좇아가 보니, 거기에 커다란 바퀴벌레 한 마리가 있었다. 얼른 집어서 없애고 나자 그 과정을 지켜본 페어리는 '이 제야 안심'이라는 식으로 좋아하는 종이 상자 집으로 돌아가 잠이 들었다. 그 잠든 모습은 지금도 떠올리면 웃음이 나올 만큼 소중한 추억의 하나가 되었다.

먹는 사료량이 줄었다 싶어서 동물 병원에 검사를 받으러 갔더니 유선종양이라는 진단이 나왔다. 어릴 때 주치의로부터 중성화 수술을 했으면 거의 피할 수 있는 병이라는 설명을 들었지만, 페어리는 중성화 수술을 받지 않았다.

"남은 시간이 석 달이라는 말을 듣고부터는 매일 눈물로 지냈습니다. 페어리는 날로 체력이 떨어지고, 폐에 물이 고이는 증상도 나타났어요. 동물 병원에 가서 폐에 고인 물을 빼내는 치료를 몇 번이나 받았지만, 그러다 걷지도 못하고, 혼자서는 밥도 먹지 못하게 되고 말았죠.”

그래도 하루라도 더 오래 살아 주기를 바라는 마음에 온 가족이 단결해서 ‘할 수 있는 데까지 해 보자’고 결심한 날 밤, 욘하치 씨는 꿈을 꾸었다.

“꿈속에서 돌아가신 어머니가 페어리를 품에 안고, 나를 만나러 오겠다고 하시는 거예요.”

순간적으로 눈을 뜨고 벌떡 일어나 보니, 온몸이 땀범벅이었다. 설마 그런 일이, 하고 반신반의했는데 그 꿈을 꾸고부터 페어리의 상태는 갑작스럽게 악화되었다.

그날 욘하치 씨는 페어리가 가장 좋아하는 장소에서 방충망 너머로 바깥 풍경을 바라보았다.

“안고서 내일은 재택근무할 거니까 계속 같이 있을 수 있어, 하면서 쓰다듬어 주었더니, 고롱고롱거리면서 기뻐했어요.”

그러나 날이 밝자 상태가 급변, 몸이 뻣뻣해지기 시작했다. 서둘러 마사지를 해 주었더니 다소 진정되어, 문이 열릴 시간에 맞춰 동물 병원으로 달려갔다. 입원 검사를 위해 수의사가 안고 데려갈 때, 페어리는 그 파랗고 커다란 눈으로 욘하치 씨를 가만히 쳐다보았다.

“페어리와 눈을 마주한 것은 그때가 마지막이었습니다.”

검사 결과는 절망적이었다.

"페어리에게 가장 편안한 장소에서 지내는 게 좋지 않을까요."

그런 수의사의 연락을 받고 병원에 데리러 갔다. 이미 의식이 몽롱했지만, 집으로 데려와 가장 좋아했던 다다미방의 방석 위에 뉘었다. 가족 모두 페어리 곁에 모여 "잘 왔어. 페어리" 하고 말을 걸면서 몸을 쓰다듬자, 마침내 "야옹" 하고 힘없이 한 번 울고는, 안심했는지 그대로 잠자듯 떠났다.

상태가 나빠지기 시작하고부터 불과 한 달. 그전까지는 건강하게 평소대로 집 안을 활보했다.

"지금도 사실, 현실을 받아들이지 못하고 있습니다. 페어리와 이별한 후로 한동안은 눈물이 이렇게 많이 흐를 수도 있구나 할 정도로 매일 울었어요."

그렇게 한 달이 지났을 때쯤 작은 기적이 일어났다.

"어느 날 아침에 마당에서 새끼 고양이 울음소리가 들리는 거예요. 20년을 살면서 마당에 새끼 고양이가 온 적은 없었기 때문에 처음에는 헛들었나 했습니다. 그런데 마침 재택근무를 하는 날, 확실히 들리더군요. 모습은 보이지 않지만 틀림없다 싶었어요."

페어리가 사용하던 그릇에 사료를 담아 마당에 갖다 놓았더니,

어느 틈에 싹 사라지고 없었다. 그래서 시청에 가서 포획기를 빌려 와 마당에 설치했다. 다음 날, 마당에 나가 보니 새끼 고양이 두 마리가 들어가 있었다.

"천국에서 슬픔에 젖어 있는 나를 보고서, 새끼 고양이들을 데려다줬나 하는 생각이 들더군요. 새끼 고양이들이 와 주어 다른 감정의 스위치도 켜지면서 기분에도 변화가 생겼습니다. 좀처럼 쉬운 일이 아니지만 '새로운 스위치'를 만드는 것도 효과가 크다는 것을 깨달았습니다."

욘하치 씨는 지금도 죽은 페어리의 유품을 펜던트에 넣어 늘 몸에 지니고 있다.

전 동물 간호사의 후회와 결심

히에치무 고우미 씨의 어머니(50대)는 현재 홋카이도에 살고 있다. 고우미 씨의 어머니는 도쿄에서 살던 때, 어느 비 내리는 날 아파트 옆에서 아직 눈도 뜨지 않은 고양이 세 마리를 발견하고는 보호하게 되었다.

"쫄딱 젖어 있는 걸 그냥 내버려 둘 수 없어서, 세 마리 모두 티

셔츠로 둘둘 감아 바로 동물 병원에 데려갔어요. 그만 사람 냄새가 배고 말았는지, 그 후에 어미 고양이를 찾아 만나게 했는데도, 어미가 사육을 거부하더군요. 결국 두 시간마다 우유를 주면서 키우게 되었지 뭐예요."

세 형제 중에서 '푸'는 어리광을 잘 안 피우면서도 늘 졸졸 따라다녔다.

"화장실에 갈 때도 목욕을 할 때도 언제나 내 옆을 따라다녔어요. 잘 때도 다른 아이들이 조심스러운지 발치에서 자더군요. 그런데 식성은 좋아서 간식을 줄 때면 내 발에 머리를 콩콩 부딪치면서 열심히 졸라 댔죠."

그런 푸가 어느 날 갑자기 설사를 했다. 2022년 2월 일이다. 삿포로로 이사 온 지 얼마 되지 않아, 지리 감각도 없던 때라 아무튼 동네 동물 병원에 데려갔다. 하지만 그곳의 대처에 거부감을 느꼈다.

"저는 동물 간호사 자격증이 있고, 동물 병원에서 일한 경험도 있어요. 설사를 하니 우선 변 검사를 하겠지 싶어 변도 지참했습니다. 그런데 그 병원에서는 촉진도 하지 않고 바로 장염이라는 진단을 내리고, 지사제를 처방해 주었어요."

지사제를 먹으면 다소 증상이 호전될 뿐 치료는 되지 않는다. 세 번째로 병원을 찾았을 때 부탁을 해서 겨우 혈액 검사를 받았다. 그러나 '이상 무'라면서 또 지사제만 처방해 주었다. 그런데 익숙하지 않은 외출과 병원 스트레스로 푸의 심박수가 오른 탓인지, 의사가 청진기를 가슴에 대었다. 이어 심전도 검사. 결과는 '심근증'이었다.

"혈액 순환이 좋지 않아서 소화가 잘 안 되는지도 모르겠다면서 의사가 심장약도 처방해 주었지만, 저도 혈액 검사 결과를 보는 방식은 알고 있기 때문에 그럴 리 없다고 말했어요. 그런데도 내 말을 들어 주지 않아, 결국은 불안한 심정만 안고 집으로 돌아왔습니다."

그 후 지인에게 고양이를 잘 보는 동물 병원을 소개받아, 한걸음에 삿포로로 달려갔다.
"의사는 푸를 진찰대에 올려놓고 촉진을 하자마자, 아무래도 무슨 이상이 있는 듯하다고 하더군요. 그리고 바로 생체 검사에 들어갔어요. 결과는 림프종이었죠. 수술을 하면 나을 가능성도 있지만, 이대로 그냥 놔두면 한 달을 넘기기 어려울 거라고 해서, 눈앞이 캄캄해졌습니다."
다음 주 월요일로 수술 예약을 하고 귀가.
'내가 뭘 보고 있었던 거지. 다 내 탓이야' 하고 자책하며 눈물을 흘리는 고우미 씨 어머니에게 푸는 소리 없이 야옹거리며 간식을 졸랐다.
수술 당일. 회사마저 쉬고 이른 아침에 푸를 병원에 데려갔다. 정오가 지나, 오직 수술 성공을 기원하는 고우미 씨 어머니에게 전화가 걸려 왔다. 동물 병원에서 일했던 적이 있는 그녀는 그 전화가 뭘 의미하는지 바로 알았다. 의사는 이렇게 말했다.

"암이 폐로 전이되었어요. 수술은 불가능합니다. 오늘부터 항암제 치료를 시작하겠습니다."

항암제 효과로 종양의 크기는 줄어들었지만, 한 달 사이에 또 다른 곳으로 전이. 식욕이 떨어진 푸는 점차 말라 갔다. 그런 와중에 잊지 못할 일이 있었다.

"점점 식욕이 떨어져 거의 먹지 못하던 어느 날, 제가 한 시간 이상이나 보글보글 끓인 연어찜을 푸가 먹어 주었어요. 그게 마지막이었습니다. 스스로 뭔가를 먹기는."

끝내 약도 듣지 않게 되었다. 치료를 계속하겠느냐고 묻는 의사에게 고우미 씨의 어머니는 이제는 집에서 돌보겠노라고 대답했다.

"그날부터 3주 동안은 회사에서 집으로 돌아가기가 무서웠습니다. 혼자서 세상을 떴으면 어떡하나 하고요. '엄마 올 때까지 잘 기다리고 있어'. 그 말이 푸에게 한 마지막 말이 되었어요."

일어서지도 못해 누워 지내는 날이 계속되었는데, 어느 날 이른 아침에 발소리가 들려 눈을 떠 보니, 휘청거리며 화장실로 가는 푸의 뒷모습이 보였다. 얼른 가서 몸을 받쳐 주자, 푸는 화장실에 가서 소변을 보았다.

"움직이는 푸의 마지막 모습이었어요."

그리고 이틀 후, 잠깐 나가서 뭘 좀 사 올 테니까 기다리고 있으라고 하고 헐레벌떡 나갔다 들어와 품에 안았다. 그리고.

"품에 안고 10분도 안 되어서, 하늘로 떠났어요."

열두 살 십일 개월이었다. 고우미 씨의 어머니는 "고마웠어, 푸"하는 말로 푸를 떠나보냈다.

"집에서 지내는 마지막 3주 동안, 제가 마음의 준비를 할 수 있도록 힘을 다해 버텨 주었다는 느낌이었어요. 마지막까지 저를 헤아려 주어, 고마운 마음이 한층 더했습니다."

지금도 푸를 생각하면 눈물이 흐른다고 한다.

"혼자서 말을 걸고는 울고, 또 생각나면 울고. 하지만 그래도 괜찮다고 생각해요. 푸를 대신할 고양이는 없고, 저세상으로 떠났다는 사실도 받아들이기 힘들지만, 울고 싶을 때 그냥 울고, 그렇게 푸를 기억하며 살아가려고 합니다."

고우미 씨의 어머니는 현재 삿포로 시내에서 홋카이도산 식자재를 사용해 첨가물과 착색료를 사용하지 않은 수제 고양이 간식 제조 일을 하고 있다. 푸가 마지막에 제 입으로 먹은 연어찜의 추억이 그녀를 새로운 길로 나아갈 수 있도록 결심하게 했는지도 모르겠다.

"매일 아침, 학교에 가기 전에 칸타를 무릎에 앉히고 텔레비전을 보면서 아침을 먹는 게 일과였어요."

도쿄에 사는 아카네 씨(30대)는 믹스묘 칸타와의 추억을 이렇게 풀어놓았다.

칸타가 신장병에 걸렸다. 고양이에게 흔히 있는 병이다. 시즈오카에 있는 친가를 떠나 도쿄에서 생활하던 아카네 씨는 칸타의 상태를 보기 위해 수시로 친가에 갔다.

"나를 제일 잘 따라서 그랬는지, 아파서 몸을 가누기도 힘들 텐데 2층에 있는 제 침대에서 잠을 자곤 했대요. 마지막에는 움직이지도 못하고, 약 때문에 황달도 심했어요. 그러던 어느 날, 제가 주일마다 칸타를 보기 위해 집에 오는 게 딱했는지 동생이 한 시간 정도 밖에 나가서 외식도 하고 기분 전환을 하고 오라고 했어요."

한 시간 정도는 괜찮겠지 하고 밖에 나가 외식을 하고 돌아왔는데, 칸타는 현관에서 숨을 거둔 상태였다.

"그 한 시간, 밖에 나가지 않았더라면. 도쿄에 있는 것도 아니고 친가에 있었는데. 그런 후회가 가시지 않아요. 숨을 거두기 전에 나를 찾았을지도 모른다고 생각하면 정말 후회가 막심합니다. 가족들은 또 고양이를 키우고 싶다고 하지만, 8년이 지난 지금도 못 키우고 있어요. 칸타가 떠난 후에 친구들과 어울려 놀기도 하고, 여행도 하면서 평소와 다르지 않게 지내고 있지만, 아직 헤어 나오지 못하고 있어요."

아카네 씨의 일화는 개인적으로도 공감되는 바가 크다. 나 역시 불과 10분 '다른 곳'에 들른 바람에 민트의 죽음을 지키지 못했기 때문이다.

참고로 반려동물 사망 당시 상황에 대한 응답에서 마지막 순간을 지킨 사람은 23명, 지키지 못한 사람은 11명이었다. 지킨 사람이 더 많아 좀 의외였지만, 재택근무가 보급된 영향이 큰 듯하다.

다만 이는 어디까지나 개인적인 생각인데, 죽음의 순간을 지키든 못 지키든 그들이 떠날 시간을 선택하는 듯한 느낌이다. 예전에는 '왜 민트가 내가 돌아올 때까지 기다려 주지 않았을까' 하고 원망스럽기도 했는데, 지금은 민트가 선택한 시간이었다면 그때여서 다행이라고 생각하게 되었다. 어쩌면 더 빨리 떠날 수도 있었는데 내가 돌아오기 전까지 온 힘을 다해 살아 주었다고 생각해야 한다는 걸 깨달았기 때문이다.

"응석쟁이 칸타는 사람이 손으로 떠 주는 물만 마셨고 편식도 심했지만, 지금은 그런 것까지 모든 좋은 추억으로 남아 있습니다."

칸타 또한 마지막 순간까지 생의 불꽃을 다 태우고 떠났다고 생각한다.

'수호신' 같은 고양이

설문 조사에 응해 주신 응답자들의 일화는 모두 순수한 슬픔과 따뜻한 애정이 교차되는 내용이라 읽다 보니 코끝이 시큰거렸다. 그 가운데서도 도쿄에 사는 유코 씨(40대)의 잡종 고양이 '심바'와의 만남과 이별 이야기에 큰 감명을 받았다.

결혼을 앞두고 있던 유코 씨는 고양이가 키우고 싶었다. 어느날, 그 고양이가 불쑥 유코 씨 앞에 나타났다. 한 초등학생이 화단에서 떨고 있는 아주 어린 새끼 고양이를 보호해 동물 병원에 데려갔다. 길고양이 어미와 형제들을 놓친 듯했다.

"내가 고양이를 키우고 싶어 한다는 걸 아는 도련님이 동물 병원에서 데려온 거였어요. 아직 마음의 준비가 되어 있지 않았는데, 이것도 인연이다 싶어서 키우기로 했습니다."

스와힐리어로 사자를 뜻하는 '심바'는 과거 유코 씨가 아프리카로 혼자 사파리 여행을 떠났을 때, 그 울림이 마음에 들어 좋아했

던 단어라고 한다. 풍채가 당당하고 연갈색 줄무늬 때문에 마치 새
끼 사자 같은 고양이에게 그 이름이 정말 잘 어울렸다.

"제게 심바는 사랑하는 아이고 연인이고 친구이며 수호신이었
어요. 심바를 안고 있으면, 제 품에 세계를 안고 있는 듯한 기분마
저 들었답니다."

유코 씨는 그렇게 말하며 미소를 머금었다.

함께 심바를 맞은 남편과는 불행한 형태로 헤어지게 되었다. 세
살 난 딸과 네 살 난 심바와 유코 씨의 새 생활이 시작되었다.

"당시 저는 심신이 피폐해서 우울증에 가까운 증상을 보여 휴직
과 입원을 반복하는 상당히 불안정한 상태였어요. 그래도 언제나
옆에 심바가 있어 주었죠. 이혼하고 혼자서 아이를 키워야 하는 불
안과 서글픔을 느낄 때면 심바가 웃기는 동작을 많이 보여 줘서 정
말 많이 웃기도 하고, 살며시 다가와 품에 안기기도 했죠. 아이도
거의 심바가 키운 것이나 다름없는 느낌이에요. 심바를 닮아 너그
럽고 밝은 아이로 자란 딸이 인생에서 필요한 것은 모두 심바에게
배웠다고 할 정도니까요."

새끼 고양이 때부터 18년 동안, 심바는 유코 씨 모녀의 인생을
지켜 주는 그야말로 '수호신' 같은 고양이었다.

지금도 떠오르는 심바와의 추억을 묻자, 행복한 장면이 끝없이 등장했다.

- 베란다에서 도마뱀이나 매미를 잡아 와서는 머리와 꼬리만 남기고 먹어 버린 장난꾸러기 모습
- 밖에 있을 때도 "심바!" 하고 부르면 목에 건 방울을 딸랑거리며 "다녀왔어요!" 하는 식으로 뛰어오던 모습
- 딸을 어린이집에 데려다줄 때면 우리 옆을 마치 개처럼 따라왔고, 딸이 어린이집에 있는 동안 근처 공터에서 기다리다가 어린이집이 끝나면 나와 함께 집에 돌아오던 모습
- 욕실에 들어와 꼬리 끝만 욕조의 따뜻한 물에 담그고 흐뭇해하던 모습
- 어릴 때부터 화장실에서 모래를 덮을 줄 몰랐는데, 평생 그랬다는 것
- 햇볕이 쬐는 곳과 그늘의 경계에서 낮잠 자는 걸 좋아했던 점
- 기분이 좋을 때는 약간 굽은 꼬리를 휙휙 흔들면서 기분 좋다고 표현하던 모습

이렇듯 또렷한 기억 하나하나를 얘기할 때, 심바를 만난 적 없는 나의 뇌리에도 활기찬 그 모습이 또렷하게 그려져 가슴이 뜨거워졌다.

평온한 마지막 순간을 맞을 줄 알았다

그런데 열여덟 살이 된 심바에게 병마가 덮쳤다.

"세상을 떠나기 몇 달 전부터 식욕이 줄고 체중도 줄어서 걱정을 많이 했는데, 그러다 어느 때 숨을 급하게 쉰다는 걸 알았어요. 평소에 다니던 동물 병원이 정기 휴일이라, 다른 병원에 달려갔죠. 그게 숨을 거두기 일주일 전이었어요."

그 병원에서 심장에 구멍이 뚫렸을지도 모른다는 말을 처음 들었다. 폐렴의 징후도 있다고 해서 바로 심장 치료에 들어가려고 했는데, 그날을 경계로 심바의 상태가 내리막길을 굴러떨어지듯 나빠졌다.

"숨을 거두기 나흘 전에, 마지막 산책이 될지도 모르겠다고 생각하면서 딸과 함께 늘 산책하던 길을 천천히 걸었어요. 많이 힘들었을 텐데, 한 걸음 한 걸음 땅을 밟는 당당한 모습이 얼마나 멋지던지, 역시 사자였네, 하고 새삼스레 감탄했어요."

그 후에 점점 더 숨을 가쁘게 쉬었다. 유코 씨는 심바가 조금이라도 숨을 편히 쉴 수 있도록 산소실을 렌트해서 설치했지만, 심바는 시간 단위로 기운을 잃었고 끝내는 마지막이 다가왔다.

마지막 순간이 다가온 동물은 먹이도 물도 먹지 않는데, 심바는 그래도 고칼로리 우유가 담긴 스포이트를 조금씩이나마 빨았다.

"심바, 잘했어. 먹어 줘서 고마워."

유코 씨와 딸이 그렇게 말하면, 쇠약한 몸으로 꼬리를 흔들어 답해 주었다고 한다.

"불과 몇 시간 전에도 손에 물을 적셔 입에 갖다 대면 핥아 먹었어요. 어떻게든 고통과 아픔을 덜어 주고 싶었는데……."

병원에서 처방해 준 진정제도 잘 듣지 않았다. 심바는 산소실 속에서도 호흡 곤란에 빠져, 어딜 가면 숨을 쉴 수 있을지 찾는 것처럼 산소실 안을 고통스러운 표정으로 휘청휘청 걸어 다녔다.

"내 손으로 죽여 주고 싶은 생각까지 들었어요. 하지만 그러지도 못했습니다."

그리고 심바는 픽 쓰러져 심장 발작에 가까운 몸짓을 보이고는 그대로 숨을 거뒀다.

"온순하고 밝은 아이라서, 평온한 마지막을 맞을 줄 알았어요. 저 혼자만의 바람이었던 거겠죠. 숨을 쉴 수 없어 고통스러워하는 모습을 그저 쳐다볼 수밖에 없었다는 것도 그렇고, 마지막에 산소실에서 꺼내 주지 못한 것도 그렇고, 그런 게 너무 괴롭고 안타깝습니다."

'엄마, 저승사자 같았어'

심바가 떠난 직후에는 통곡하는 딸을 돌보느라 자신은 울 수도 없었다는 유코 씨. 아무튼 심바를 잘 보내겠다는 생각만 했다. 심바의 몸을 껴안고 좋아했던 산책로를 한 바퀴 돈 다음, 좋아했던 담요와 나무껍질 등과 함께 셋이 나란히 누워 밤을 지낸 다음 화장했다고 한다.

"그다음부터 정말 힘들었어요. 집에 혼자 있으면 너무 외로워서 머리가 어떻게 될 것만 같아 밖에 나가 그냥 정처 없이 걸었습니다."

그러던 어느 날, 딸에게 이런 말을 들었다.

"오늘 밖에서 걸어가는 엄마를 봤는데, 무서워서 말을 걸 수가 없었어. 엄마 얼굴이 저승사자 같았어. 엄마가 아니었으면, 저 사람 목숨을 버릴지도 모른다고 생각하고 경찰에 신고했을지도 몰라."

유코 씨는 심바가 그녀 곁을 떠난 후에도 밥과 물을 아침마다 새로 챙겼다.

"지금 생각해 보면, 심바의 죽음을 부정하고 이승에 붙들어 두려고 했나 싶어요. 저승사자는 산 자를 죽음의 세계로 데려가지만, 저는 그 반대였던 거죠. 죽은 자를 억지로 이승으로 데려오려 했으니까요."

그 탓인지, 심바가 죽은 후에 여러 가지로 이상한 일이 많았다고
한다.

"심바가 사용하던 고양이 침대에 어느 날 갑자기 파랗고 싱싱한
풀이 몇 가닥 놓여 있거나(그 풀이 대체 어디서 왔는지 이상하고 신기하다고
밖에는 할 수 없어요), 어디선가 심바가 기분이 좋아 목을 고롱거리는
소리가 들리기도 하고, 그러면 지금 여기를 지나간 기척을 느낄 수
있었어요."

한편, 함께 지낸 거의 모든 날들이 행복하고 즐거운 시간이었을
텐데, 마지막 고통스러워하던 일주일만 계속해서 떠올리는 것은
심바에게 미안한 일이라는 마음도 생겨났다.

"심바가 미래를 향해 인생을 살아갈 수 있도록 이렇게까지 우리
를 지켜 주었으니, 앞으로도 우리 집을 밝게 지켜 나가야 한다고
느꼈어요. 그게 또 힘든 일이기는 했지만……."

저승사자로 보일 정도면 정말 안 되겠다는 생각에 유코 씨는 펫
로스 경험이 있는 세 친구에게 연락해, 자신의 괴로움과 고통을 공
유했다고 한다.

"뼈 항아리를 껴안고 잤다는 등 각자의 체험담을 들으면서 나의
괴로움을 스스로 이해할 수 있게 되었어요. 나만 그런 게 아니라는
걸 알고, 위안을 얻었습니다."

한 친구는 다음과 같은 조언을 해 주었다.

"늘 있던 장소에 없는 공허함, 늘 느꼈던 온기가 없는 적적함, 심바가 사용했던 물건, 털 오라기 하나하나와 냄새, 그 모든 것에서 그가 이제 없다는 것을 알게 되겠지만, 함께 지냈던 행복한 추억을 돌아보면서 마음껏 심바를 생각해도 괜찮아.

인생을 살면서 힘들 때나 슬플 때나 늘 함께해 주었던 심바가 없으니 얼마나 힘들겠어. 태어났을 때부터 같이 자란 네 딸은 또 심바가 없는 집이 얼마나 허전하겠어. 너랑 네 딸을 생각하면 가슴이 찢어질 것 같아. 심바도 그걸 알 거야. 그래서 너희 모녀가 일어설 수 있을 때까지 바로 옆에서 지켜보는지도 모르지."

같은 경험을 한 친구의 이런 말이 큰 힘이 되었다고 한다.

매일 심바의 똥을 보러 갔다

유코 씨는 심바를 잃은 충격과 구체적으로 어떻게 마주했을까.

투병 생활을 시작한 지 며칠 되지도 않아 숨이 다하고 뼈가 되어 돌아온 것이 너무 슬퍼서 견딜 수가 없었던 유코 씨는 집 안에서도 심바의 흔적을 찾아다녔다고 한다.

"심바의 화장실을 들여다보았는데, 모래 속에 딱딱하게 굳은 동그란 오줌 덩어리가 묻혀 있었어요. 청소할 때 미처 거르지 못한 거겠지만, 그 오줌 덩어리를 도저히 버릴 수 없었습니다. 그리고 늘 자던 자리에서 수염 두 오라기, 손발톱 깎는 자리에 떨어진 손톱 깎지를 두 개 발견했어요. 그걸 예쁜 병에 담아 보관하면서, 때로 수염을 꺼내 제 코를 간질이기도 해요."

그러면 이제 없다는 허전함도 느끼는 반면 용기도 생겼다. 꼿꼿하고 멋진 수염을 보면, 심바가 고양이로서의 인생을 끝까지 훌륭하게 살아 냈다고 스스로에게 말할 수 있을 듯했다.

그런 유코 씨가 생각지도 못한 점을 가르쳐 주었다.

"실은 날마다, 풍화되고 있는 심바의 똥을 보러 가요."

심바가 세상을 떠나기 얼마 전의 일이다. 공터를 산책할 때, 심바가 조그만 똥을 누었다. 그 똥을 치우려고 하는데 심바가 저쪽으로 가서 목줄이 당겨진 바람에 치우지 못하고 그냥 발길을 돌렸다. 유코 씨는 심바가 죽은 후에 그때 일이 떠올랐다.

"그 똥이 풍화되어 가는 걸 보면, 심바의 죽음을 받아들이게 되지 않을까, 그렇게 생각했어요. 매너 위반이라 죄송하지만, 일부러 치우지 않고 매일 보러 가서 사진을 찍었어요."

공벌레와 개미가 들러붙고, 점차 물기가 마르면서 쪼그라들어 자연의 순환 속으로 돌아가는 과정을 보니, 신기하게 마음이 치유되었다. "자연으로 돌아가다니, 대단하네. 잘했어, 잘했어." 그렇게 심바의 똥에도 말을 걸었다. 그러다 공터의 잡초를 누가 다 베어버렸고, 심바의 똥도 함께 사라졌다.

"매일 똥을 보러 가고, 오줌 덩어리를 버리지 못해 그대로 놔두고. 내가 생각해도 그때 머리가 좀 이상했다 싶지만, 펫 로스의 산 체험담으로 전해드립니다."

웃으면서 그렇게 말한 유코 씨는 손에 '미니 심바'를 쥐고 있었다. 심바가 죽기 2, 3년 전부터 털을 빗어 주고 나면 그 털을 보관했다.

심바가 떠난 후, 딸이 그 털로 손가락 크기의 작은 인형 '미니 심바'를 만들어 주었다고 한다.

"이 미니 심바와 함께 심바가 좋아했던 산책로와 숲과 들판을 걷고, 꽃을 보러 가기도 하고. 여기저기 데리고 다녀요. 무의식중에 그러고 있는데, 돌이켜 보니 마지막에 산소실에서 꺼내 주지 못한 일이 아쉬워서 그런 것 같네요. 밖으로 나가 상쾌한 공기를 마시고 녹음을 접하게 하는 것으로 명복을 비는 것인지도 모르겠고요."

유코 씨의 이야기에 나도 깊이 공감한다. 나는 비록 미니 인형은 만들지 않았지만, 민트가 세상을 뜨기 전부터 아내가 빗질을 하고 나면 브러시에 엉킨 털을 모아 나무 상자에 보관했다. 그러다 그 크기가 그야말로 봉제 인형만하게 커졌는데, 민트가 죽은 후에 벽장 깊이 보관한 그 나무 상자가 어쩌다 눈에 띄면 그 털을 꺼내 냄새를 맡곤 한다. 지금은 민트의 냄새보다 나무 향이 짙어지고 있다.

그래도 나무 향 속에서 '햇살에 냄새가 있다면 이런 냄새겠지' 하고 생각했던 민트의 냄새가 아련하게 풍기면 가슴속에 뭐라 말할 수 없이 따스한 온기가 차오른다.

제5장

마지막 '준비'는
'이별의 의식'

'이별의 의식'의 중요성

앞에서 소개한 그리프 케어 어드바이저 아베 씨는 '이별의 의식'
의 중요성을 이렇게 강조한다.

"펫 로스에 대한 준비로 마지막 과정인 '이별의 의식'을 수긍할
수 있는 형태로 잘 치렀느냐, 그 점이 아주 중요합니다."

묘소와 묘원 찾기 검색 사이트 '라이프 도트'에서 반려동물을 잃
은 주인을 대상으로 지난 3년 동안 실시한 〈반려동물 장례에 대한
실태 조사〉(2020)의 결과 자료는 이렇다.

① **죽은 반려동물 시신 수습 방식**

민간 시설에서 화장	45.8%
공공시설에서 화장	26.1%
자택 마당에 매장	12.1%
민간 이동 화장업자	10.9%

② **반려동물 장례에 드는 비용**

1만 엔 미만	22.0%
1만 엔 이상 5만 엔 미만	37.6%
5만 엔 이상 10만 엔 미만	15.8%
10만 엔 이상 20만 엔 이하	4.8%

①, ②를 종합해 보면 민간 시설을 이용하든 공공시설을 이용하든 대부분 화장하고, 그 비용은 고액화 추세에 있다고 볼 수 있겠다.

③ 반려동물 장례의 만족도 '매우 만족한다'와 '대략 만족한다'고 대답한 사람이 전체의 63.4퍼센트를 차지했다. 한편, '불만스러웠다'고 대답한 사람 대부분은 그 이유로 '별생각 없이 정하고 말았다'를 들었다.

이 점은 나도 경험한 일인데, 반려동물이 죽은 직후에도 장례 절차를 밟고 화장하는 등의 사무적인 일을 의외로 무리 없이 처리했다. 아니 어쩌면 '반드시 해야 하는' 일을 함으로써 받아들이기 어려운 눈앞의 현실을 잠시나마 외면했는지도 모른다는 것을 지금은 안다.

"그렇습니다. 그래서 급히 전화를 건 장례식장에서 '오늘 저녁에 빈 시간이 있다'고 하면 서둘러 화장하는 경우가 생기는 것이죠. 그렇게 이별의 시간이 너무 짧으면 오히려 나중에 힘들어지는 일이 적지 않습니다."(아베 씨)

내 경우에는 담당 수의사에게 전화를 걸어 조금 전에 떠났다고 알리면서 삿포로 시내에 있는 동물 묘원을 소개받았다. 그 외에도 인터넷으로 검색한 몇 군데에 전화를 걸어서 화장이 가능한 시간과 가격 등을 확인해 보았지만, 결국 전화에 응대하는 사람에 대한 느낌으로 결정, 담당 의사에게 소개받은 동물 묘원에서 다음 날 11시 반에 민트를 화장하게 되었다.

민트의 죽음을 확인하고 화장 날짜와 시간을 결정하기까지 1시간도 안 걸린 것이다. 다음 날 그 묘원에서 만족스러운 '이별'을 하게 되어 다행이었지만, 아직도 너무 서둘렀다는 생각이 남아 있다.

"숨을 거두고 나서 이별의 의식을 치르기까지의 시간 동안 마음껏 몸을 쓰다듬어 주고 얘기도 하면서 감사의 마음을 전하는 것이 중요합니다. 유모차에 태우고 산책을 하는 것도 좋고요. 보랭 처치를 제대로 하면 화장을 서두를 필요가 없어요. 저도 외국에 있는 딸이 작별 인사를 하러 잠시 귀국하겠다고 해서, 죽은 고양이와 닷새간 함께 지낸 적이 있습니다."(아베 씨)

시간을 넉넉하게 잡고, 이별의 의식을 함께할 수 있는 사람이 많으면 많을수록 훗날 크게 도움이 된다. 우리 집의 경우는 도쿄에서 삿포로로 이사한 지 겨우 1년 만에 민트가 죽었기 때문에 민트와 인연이 있는 사람들이 의식에 참여하기가 어려웠다. 부부 둘이서 보내자니 적막하고 서글펐지만, 그래서 더욱이 화장 담당자가 정성껏 의식을 치러 주고 진심이 담긴 조의를 표해 주어 무척 위로가 되었다.

반려동물 장례식장이나 화장장 사람들은 일상적으로 반려동물과 주인의 마지막 순간을 함께한다. 그들 눈에 비치는 '펫 로스'는 과연 어떤 것일까.

국내 유일의 '신도식'* 반려동물 장례식장

삿포로 시내에서 차를 타고 서쪽으로 15분 정도 달리면 의외로 험한 산길에 접어들게 된다. 이 '고베쓰자와'라 불리는 일대의 언덕 길을 구불구불 올라가면 새하얀 눈 속에 빨간 기둥이 선명하게 드러난다. '영험한 봉우리' 기소의 온다케산을 본산으로 하고 산악신 앙의 신사로 잘 알려진 삿포로 온다케신사이다. '안식의 언덕'은 이 신사에 부속된 반려동물 묘원으로, 2011년에 반려동물 장례식장을 개설했다. 신관이 신도식 장례를 행하는 반려동물 장례식장은 국내에서 이곳뿐일 듯하다.

전문 종교 종사자인 신관은 펫 로스에 대해 어떤 생각을 갖고 있을까. 취재에 흔쾌히 응해 준 묘원 매니저 기쿠치 아쓰미 씨는 취재 전에 시설을 돌아보았으면 한다면서 묘원을 안내해 주었다.

삿포로 시내가 내려다보이는 언덕에 약 1만 2천 평 규모의 드넓은 부지. 그 안에 본전과 반려동물 전용 화장로 두 기를 갖춘 장례식장, 공양전, 반려동물 묘지 등이 넉넉한 간격을 두고 펼쳐져 있다. 특히 반려동물의 이름이 새겨진 위패가 죽 진열된 납골당은 정갈하고 고요한 가운데, 반려동물을 잃은 주인의 애도의 정이 가득

---

*   신사를 사원으로 둔 일본의 전통 종교로, 신관이 제례를 담당한다.

해서 압도되고 말았다. 아쓰미 씨는 이렇게 말했다.

"반려동물의 장례에 입회하면…… 말만 하는데도 눈물이 나네요. 한때는 눈물이 흐르는 게 그냥 너무 싫어서 울지 않으려고 애썼어요. 그런데도 결국은 눈물이 흘러서. 유족분들이 왜 당신이 우느냐고 이상히 여기지 않을까 했는데, 오히려 같이 슬퍼해 줘서 고맙다고 하는 경우가 많았어요. 그래서 같이 슬퍼해도 되는 거구나, 같이 울어도 되는 거구나, 하고 생각하게 되었어요."

유족과의 첫 만남은 화장 신청 전화에서 시작된다.

"아주 가끔, 사실 반려동물이 한 달 전에 죽었는데 집에 안치해 놓고 있었다, 이제야 화장할 마음의 준비가 되었다, 하고 연락하는 분도 있지만, 거의 90퍼센트는 조금 전에 떠났거나 어젯밤에 숨을 거뒀다고 하는 분들이에요. 반려동물이 숨을 거둔 후에 인터넷 검색 등의 경로를 통해 전화를 주시는 경우가 많아요. 사전에 준비가 되어 있는 분들은 많지 않은 것 같아요."

나 역시 그랬다. 반려동물이 마지막 숨을 쉴까 말까 한 상황에서도 주인은 좋은 징후가 하나라도 보이면, 이제 좋아질지도 모른다는 일루의 희망을 놓으려 하지 않는다. 그 단계에서 죽은 후의 일을 생각하고 준비하는 것은 도저히 불가능한 듯 보인다. 죽음을 미리 준비하는 게 불길해서가 아니라, 열심히 살려 기를 쓰는 반려동물의 의지를 배신하는 것처럼 여겨지기 때문이다.

"네, 맞아요. 살아 있을 때 사후 준비를 할 수 있으면 가장 이상적이겠지만, 그러기는 보통 힘들죠. 저도 개와 고양이를 저세상으로 보낸 적이 있지만, 역시나 숨을 거두기 전까지는 사후 준비를 할 수 없었어요. 특히 반려견은 이 '안식의 언덕'에서 일할 때 잃었는데, 자신의 일터에서 떠나보낼 용기가 나지 않았어요. 결국 이동화장업을 하는 지인에게 부탁드려 집에서 떠나보냈습니다. 정신적으로 너무 힘들어서 옷을 갈아입을 힘도, 화장하고 밖에 나갈 기력도 없었어요."

반려동물이 살아 있는 동안에 장례 절차까지 정하기는 현실적으로 무리일 듯하고, 그럴 필요도 없을 듯하다. 그러니 '알아 두기만 해도 좋다' 하고 아쓰미 씨는 말한다. 반려동물을 잃고 동요한 채로 지자체의 담당 부서에 연락하는 경우가 의외로 많다고 하는데.

"반려동물이 죽었다고 전화하면, 담당 부서에서는 우선 '동물 관리 센터'로 가져가라고 해요. 그래서 유해를 해당 기관에 데려가면, 시에서 위탁한 업자가 정한 날에 다른 유해와 함께 소각하는 시스템이에요. 결국 그 시스템에 위화감을 느끼고 '이렇게 보내고 싶지 않았는데' 하거나 '가족과 오붓하게 작별할 수 있는 시간이 좀 더 필요했는데' 하고 후회하는 분들이 꽤 있어요. 그 시스템을 받아들이고 선택한 경우는 전혀 문제가 없겠지만, 그렇지 않은 경우는 훗날 회한이 남을 거예요."

'악덕 업자'를 알아보는 법

근자에 반려동물을 화장할 때, 이동 화장차를 이용하는 경우가 늘고 있다. 특히 도시에서 그렇다. 이동 화장차는 차에 화장로와 배연 장치를 완비하고 있다. 밤중이라도 시간만 비어 있으면 언제든 택시처럼 자택으로 달려와 반려동물의 유해를 인수해 적절한 장소에서 화장한다. 자택에서 반려동물 화장장까지 거리가 멀거나 이송할 수단이나 시간이 없는 주인에게는 실로 편리한 시스템이지만, 문제점도 적지 않다.

예를 들어 화장에 '적절한' 장소.

이를 확보하고 있는 업자도 있지만, 그런 장소가 없어 근처 공원이나 공터에서 화장하는 탓에 연기와 냄새 등으로 인근 주민들과 마찰을 빚는 업자도 있다.

또 정작 화장이 시작되는 단계에 홈페이지에 기재된 가격 이상의 고액을 요구하거나 추가 요금을 징수하는 금전 문제도 보고되고 있다.

예전에 취재했던 업계 관계자는 이렇게 말했다.

"이동 화장업은 허가증이나 자격증 없이 할 수 있습니다. 이동 화장차 한 대 있으면 당장이라도 시작할 수 있는 일이죠. 그래서 이동 화장차를 취급하는 자동차 대리점에서 '반려동물 화장으로 돈을 꽤 벌 수 있다' 하는 말을 듣고 '돈을 벌 수 있다니 한 번 해 볼까' 하는 마음으로 시작한 업자들이 솔직히 꽤 많습니다. 그러니 죽은 반려동물에 아무런 느낌이 없을 수밖에 없지요. 화장하고 남은 유골도 엉망으로 다룹니다. 돌려받은 뼈가 정말 자기 반려동물의 뼈인지, 다른 반려동물의 뼈와 섞여 있지는 않은지 알 도리가 없어요."

그렇다고 모든 이동 화장업자의 질이 나쁜 것은 아니다. 오히려 대다수는 양심적으로 정성껏 반려동물의 마지막 가는 길을 함께 해 준다. 악덕 업자는 극히 일부일 것이다. 그래서 더욱이 악덕 업자를 어떻게 알아보고 배제할 수 있는지 궁금하지 않을 수 없다. 아쓰미 씨는 이렇게 대답했다.

"반려동물 화장업자를 찾을 때, 대개는 우선 인터넷으로 검색을 해요. 홈페이지를 보면 대략 알 수 있는데, 양심적인 곳은 왜 반려동물 화장업을 시작하게 되었는지를 써 놓기도 합니다. 그리고 반

려동물 화장이 본업인 회사인지, 아니면 본업은 펫숍이나 간병 등
인데 부업으로 화장까지 하는 회사인지도 알 수 있어요. 부업으로
화장을 하는 회사가 전부 나쁜 것은 아니지만, 개중에는 돈이 벌리
니까 할 뿐인 곳도 더러 있어요. 또 장례를 집행하는 사람에게 '동
물 장례 디렉터' 자격증이 있는지도 참고할 사항이에요. 그다음에
는 몇몇 업자에게 전화를 걸어서 담당자의 대응이 어떤지 판단해
서 결정하는 방법이 가장 현실적이지 않을까 합니다."

가능하면 사전에 조사해 어느 정도 준비를 하는 것이 좋겠지만,
미련이나 후회가 남지 않게 반려동물을 잘 떠나보내고 싶은 주인
은 자신의 '직감'을 믿는 게 최선이 아닐까 한다.

반려동물이 숨을 거두면 우선 뭘 해야 할까

정말 '그때'가 와서 반려동물이 숨을 거두면, 우선 뭘 해야 할까.

대부분의 주인은 그 순간이 올 때까지 그런 생각을 하지 못한다.
그러나 아래에 소개하는 몇 가지 사항을 알아 놓기만 해도 서둘다
악덕 업자에게 걸려드는 위험을 어느 정도 막을 수 있다.

'유해를 어떻게 할 것인가?'

이 부분이 아마 가장 당황스러울 것이다.

"유해가 상하지 않도록 최대한 시원한 곳에 안치하고, 보랭제나 얼음을 복부에 대어 주시면 좋아요. 유해에서 체액이나 배설물이 나오는 일도 있는데 그건 자연스러운 일입니다. 머리 밑에 수건을 받쳐 머리를 좀 높이 해 주고 얼굴과 꼬리 밑에도 패드를 깔아 주세요."(아쓰미 씨)

사후 경직은 두 시간 정도 지나면 시작된다. 그러기 전에 눈을 감겨 주고 입을 닫게 한 다음, 팔과 다리를 가슴 쪽으로 모아 주고 편안한 자세로 안치한다.

"업자에게 연락하는 것은 이런 조치를 하고 마음이 좀 진정된 후에 해도 괜찮아요. 여름철에는 아무래도 유해가 부패하기 쉬우니 가능하면 빨리 화장하도록 권하지만, 겨울철에는 천천히 마지막 작별의 인사를 한 후라도 늦지 않습니다."

이런 정도만 알고 있어도 반려동물이 죽은 후에 바로 화장장을 찾으려는 생각으로 허둥대는 대신 시간을 적절하게 보낼 수 있고, '어떻게 떠나보내는 것이 가장 바람직한지'를 냉철하게 생각할 수 있지 않을까 한다.

"준비할 수 있으면 장례식장에 영정으로 사용할 사진, 좋아하던 사료나 간식 등을 바칠 수 있도록 가져가는 것도 좋아요."

그리고 화장이 끝나면 뼈를 수습해야 하는데, 실은 이때가 중요하다고 한다.

"뼈가 된 모습을 보고 싶지 않다며 뼈를 수습하지 않는 유족도 간혹 있어요. 하지만 제가 볼 때, 슬퍼서 눈물을 펑펑 흘리던 분들도 뼈를 보고는 마음을 가다듬는 경우가 많았어요. 사랑하는 반려동물의 뼈를 손으로 직접 수습하면서 그 현실을 이해하는 중요한 마무리 과정이라고 생각합니다. 그래서 저도 함께 잿더미 속에서 뼈를 찾으며 '어떤 걸 잘 먹었나요?', '산책을 좋아했어요?' 하고 말을 걸곤 해요. 그러면 그전까지 표정이 어두웠던 유족들이, 살짝 웃으면서 뼈가 된 반려동물 얘기를 풀어놓습니다. '반려동물이 죽어서 정말 슬프시겠어요' 그런 식이 아니라, 즐겁고 행복했던 기억을 떠올리고 얘기하면 그냥 듣는 것이죠."

'안식의 언덕'의 독특한 점은 화장 전에 신관이 15분 정도 제사를 드리는 '신장제'를 무료로 해 준다는 것이다. 화장이 진행되는 동안 독경을 하는 화장장도 있지만 보통은 유료 옵션이기 때문에 무료인 경우는 흔치 않다.

"저희도 유료로 진행한 적이 있었는데, 유료면 하지 않겠다는 분들이 많았어요. 저희로서는 아무래도 신관이 직접 집행하는 제사를 체험시켜 드리고 싶어서 화장 플랜에 포함하는 형태를 취하게 되었습니다. 직접 체험하고 나면 이렇게 좋은 건지 몰랐다고들 하세요."

신관이 본 '펫 로스'

신관은 이른바 '삶과 죽음의 세계'의 전문가다.

그런 신관의 눈에 '펫 로스'는 어떻게 비칠까.

"예약 전화를 받으면 '이분은 정말 슬퍼하시는구나', '그렇게 슬퍼하지는 않는 듯하네' 하고 압니다."

'신장제'를 집행하는 신관 기쿠치 야스코 씨는 이렇게 대답했다. 야스코 씨는 앞에서 언급한 아쓰미 씨의 시누이다. 말투가 밝고 호방해서 '안식의 언덕'에서 장례를 치른 사람들 중에는 딱히 볼 일이 없어도 야스코 씨를 만나러 오는 사람도 간간이 있다고 한다.

"반려동물을 잃은 사람이 백 명 있다면, 슬픔의 형태도 백 가지, 한 사람 한 사람이 다 달라요. 작별할 때도 저마다 다 다른 모습을 보이죠. 천수를 누리고 떠난 아이도 있는가 하면 불의의 사고로 떠난 아이, 갑작스러운 병으로 떠난 아이, 주인으로서는 도저히 납득할 수 없는 상태로 떠난 아이. 정말 다양합니다. 그리고 같은 가족 간에도 죽은 반려동물과의 교감 정도에 따라 반응이 다르고요. 그런 다양한 요인이 얽혀서 펫 로스가 깊어지는 분도 있는가 하면, 비교적 빨리 벗어나는 분도 있으리라 생각합니다."

그렇다면 유족을 대할 때 신관은 어떤 점을 유념할까.

"우선 그 반려동물을 어떻게 만났는지, 거기서부터 들으려고 해요. 그리고 어떻게 이별의 순간을 맞았는지. 마지막 장면에서는 보통 온갖 기억을 떠올리며 눈물을 흘립니다. 그래서 눈물을 흘리면서 마음속에 담긴 것을 얘기로 토해 내도록 해요. 반려동물과 함께한 시간의 이야기를 듣다 보면 저 역시 제사를 올리는 중에 감정이 이입되죠. 유족의 슬픔이 깊으면 저도 제사를 올리며 울기도 합니다."

반대로 조금도 눈물이 나지 않는 경우도 있다고 한다.
"참 이상한데, 제사를 올리면서 '아, 조금도 슬프지 않네' 하고 느끼는 경우도 있어요. 주인이 반려동물의 죽음에 별 감정을 보이지 않거나 슬퍼하지 않아서가 아닙니다. 주인이 생명의 존엄함을 알고, 슬퍼하면서도 그 아이의 죽음을 받아들이고, 영혼이 한시 빨리 저세상으로 가서 신의 품에 안기기를 간절히 바라는 마음이라서 그럴 거예요. 그렇게 각기 다른 주인의 마음 상태를 어루만질 수 있도록, 저 또한 아직도 공부하는 단계에 있습니다."

그러나 한편, 반려동물을 잃은 주인은 장례를 치르고 난 다음에 더 괴로워한다고 한다.
"장례를 치를 때는 모든 분들이 담대하게 처신합니다. 잘 떠나보내고 싶은 마음이 간절하니까요. 그런데 뼈 항아리를 들고 집에 돌아가서 시간이 좀 흐르면, 늘 집 안을 돌아다니던 모습이 없다는 것을 깨닫죠. 말을 걸어도 대답이 없고요. 그제야 공허함과 허망함이 마음의 벽을 때리듯 엄습하는 것이죠. 그런 일이 매일 계속되면 더욱 괴롭지 않을까 합니다. 그런 상태에서 오십일제, 백일제가 될 때쯤에는 어떻게든 다시 일어서는 사람이 있는가 하면 몇 년이나 헤어나지 못하는 사람도 있어요."

'감사'의 마음

펫 로스 증상이 무거워지는 사람과 그렇지 않은 사람을 가르는 것은 무엇일까.

야쓰코 씨는 '감사'의 마음이라는 의외의 대답을 했다.

"신도에서는 생명에 대해서, 인간이든 동물이든 모두 신으로부터 생명을 받아 이 세상에 파견되었다고 생각합니다. 태어난다는 것은 매일매일 죽음과 마주하면서 생활하는 것을 뜻하고, 그 삶에는 '생로병사'가 언제나 따라다닙니다. 그런 가운데 많은 것을 체험하고 또 배우는 것이죠. 반려동물한테서도 생명의 존엄함을 배워요. 사람도 동물도 언젠가는 반드시 생명이 다하고, 그다음 세계로 떠나야 하는 때가 옵니다. 그때 어떤 형태로든 생명이 다하는 모습을 보여 주고, 생명의 존엄함을 가르쳐 주는 반려동물에게 '감사'의 마음을 갖느냐 못 갖느냐에 따라 달라지겠죠."

이 말은 매우 중요하다. 나는 나 자신의 펫 로스를 되돌아보며 반려동물을 잃은 슬픔의 힘이 자칫 내면으로만 향하는 경향이 있다는 점을 깨달았다. 그 자체가 나쁜 것은 아니다. 반려동물의 죽음을 받아들이기 위해 필요한 과정이라고는 생각하지만, 도가 지나치면 '슬퍼하는 자신에게 스스로 연민을 느낄 뿐'일 수도 있게 된다. 그런 연민에는 마지막 순간까지 힘겹게 함께 있어 준 반려동물에 대한 '감사'의 마음이 없지 않을까.

"반려동물을 잃은 주인은 '마지막에는 치료를 중단하고 집에서 편히 쉴 수 있게 할 걸 그랬다'거나 '일 때문에 마지막 순간에 함께하지 못했다'는 등, 모두가 뭔가를 후회하면서 자책하는 경우가 많아요. 그러나 얘기를 들어 보면, 모두가 반려동물과 함께 열심히 살았어요. 죽는 순간을 함께 하지 못했더라도, 그게 바로 반려동물이 주인에게 남긴 애정이며 의미입니다. 그러니까 자책하지 말라고 말씀드려요. 제가 느끼는 반려동물의 영혼에는 주인을 향한 감사의 마음밖에 없습니다. 그러니 주인도 만나서 함께할 수 있었던 것에 '감사'를 전하면 충분하다고 생각합니다.

덧붙여, 펫 로스를 치유하는 가장 좋은 방법은 새 반려동물이라고 생각해요. 제가 보는 한, 처음 기른 반려동물은 대개 착하고 순해요. 그다음에는 아예 성격이 다른 반려동물을 맞게 되기가 보통이죠. 철없는 개구쟁이에 버릇도 없는(웃음) 아이 말이에요. 다 그런 거예요. 그렇게 각기 다른 반려동물이 주인에게 많은 것을 가르쳐 주고, 주인은 또 배우게 되는 것이죠."

'눈에 보이지 않는' 세계의 일

반려동물을 잃은 주인을 대상으로 취재를 계속하다, 죽은 반려동물에 대한 정신적인 체험담이나 불가사의한 체험담을 흔히 들었다.

예를 들면, 앞에서 소개한 설문 조사에서 홋카이도에 사는 마사에 씨(40대)는 '마론(시츄)'이 열네 살에 죽은 이후에 있었던 일에 대해 이렇게 썼다.

"없는데도 몇 번이나 기척을 느꼈어요. 밤중에 이불을 덮고 선잠에 들었는데 같이 자고 있는 듯한 느낌이 들기도 하고, 베개를 박박 긁는 것 같기도 하고. 여행 가서 묵은 호텔에서 마론이 걸어 다니는 발소리를 어머니와 함께 듣기도 했고요. 보이지는 않아도 그렇게 느낄 수 있어서 슬픔을 딛고 일어섰는지도 모르겠어요."

여기서 중요한 것은 그 존재를 느끼는 것으로 슬픔을 딛고 앞으로 나아갈 수 있었다는 점일 것이다.

신관 야스코 씨 역시 자신의 신비한 체험을 이렇게 말해 주었다.

"제사를 드릴 때는 반려동물의 영혼을 느낍니다. 오십일제나 백일제 등 제사를 드릴 때 반려동물의 사진을 가져오라고 부탁드리는데, 제사를 마치고 무심결에 그 사진을 봤다가 사진 속에서 다른 개의 모습을 본 적이 있었어요. 그래서 주인에게 그 특징을 전하고 전에 혹시 그런 개를 키운 적이 있느냐고 물었더니, 그렇다고 대답하더군요. 그래서 그 아이를 위해서는 이런 식으로 제사를 드리지 않았느냐고 물었더니, 또 그렇다고 대답했어요. 그래서 '그 아이도 제사를 받고 싶었던 모양이다, 지금 영혼이 여기 와 있다' 하고 전하고, 결국 같이 제사를 드리게 되었죠."

제단에 놓인 신경神鏡에 그 모습이 비치거나 실내에 바람이 부는 등의 형태로 신호를 보내는 경우도 있다고 한다.

"영혼이 전하고 싶은 뭔가가 있는 것이죠. 다른 일이 있어 오십일제를 지내지 못한 주인이 '어젯밤 꿈에서 그 아이가 오줌을 지려서 난감했다' 하며 훗날 오십일제를 지낸 일도 있습니다. 또 제사 전날, 제 꿈에 낯선 개가 나타났는데, 다음 날 주인이 가져온 사진을 보고서 역시 어젯밤 그 아이네, 하는 경우도 흔히 있어요.

주인이 마음으로 반려동물의 영혼이 다음 세계로 갈 수 있기를 기원하면, 영혼도 그걸 알고 열 배로 갚아 줍니다. 언젠가는 제사祭詞를 읊고 있는데 그 반려동물의 영혼이 뭐라고 말하는 소리가 들렸어요. 주인의 건강 상태를 몹시 걱정하는 듯해서, 장례 절차가 끝나고 주인에게 그 말을 전하면서 병원에 가 보시는 게 좋겠다고 말씀드렸어요. 훗날 그 주인으로부터 '그 후에 병원에 가서 검사를 받았는데, 초기 암이었다. 빨리 발견해서 별문제는 없었다' 하는 연락이 왔어요. 그만큼 관계가 깊었으니, 비록 몸은 떠났지만 그 영혼이 소중한 주인을 돕고 싶었던 거겠죠."

이렇듯 반려동물이 떠난 후에도 주인과의 연대의 끈은 계속 살아 있다고 한다.

작별의 의식을 통해 죽은 반려동물에게 감사하는 자신의 마음이 잘 전해졌다면, 주인으로서는 더없는 위로가 될 것이다.

아쓰미 씨와 야스코 씨 취재를 끝내고 시계를 보니 언제 시간이 그렇게 흘렀는지 세 시간이 훌쩍 지났다.

"취재를 오늘 하길 잘했네요. 어제 같았으면 정신없이 바빠서, 이렇게 느긋하게 얘기할 수 없었을 거예요."

야스코 씨가 그렇게 말하자, 옆에서 아쓰미 씨도 고개를 끄덕였다.

"맞아요. 평소 같으면 전화벨이라도 울렸을 텐데. 놀라울 만큼 조용했……."

그 말이 끝나기도 전에 전화벨이 울렸다.

"그거 봐요."

그렇게 말하면서 야스코 씨가 웃었다.

"여기 잠든 영혼들이 그렇게 해 주는 거라고 생각합니다."

이런 일이, 역시 흔히 있는 듯하다.

제6장 　반려동물을 잃으면
　　　꽃으로 장식하자

민트를 잃은 지 이틀이 지난 날이었다. 그러니까 화장해서 떠나
보낸 다음 날, 아무런 사전 연락 없이 집으로 꽃다발이 배달되었다.
보낸 사람은, 도쿄에 살던 시절 자주 들렀던 와인숍을 경영하는 K
씨 부부였다. K 씨 부부도 개 두 마리를 키우는 애견인인 터라 와인
숍 역시 '펫 프렌들리'여서 민트를 데리고 산책하는 길에 자주 들렀
다. 부부는 언제나 우리를 환영해 주었고, 민트도 그 가게 앞에 가
면 당연하다는 듯이 입구로 향했다. 그래서 민트가 세상을 뜬 후에
K 씨 부부에게도 부고를 전하기는 했지만, 슬픔의 파고를 견디느라
다른 생각은 할 수 없었던 이틀 동안 그 사실을 까맣게 잊고 있었다.
그런 만큼 불쑥 현관 앞에 배달된 꽃다발에 놀라지 않을 수 없었다.
　거실 한 모퉁이에 놓인 민트의 뼈 항아리 옆에 꽃다발을 내려놓
자, 잿빛이었던 세계가 조금은 색감을 되찾은 듯 보였다. 꽃다발에

는 카드도 꽂혀 있었다.

'민트, 잊지 않을게요!'

민트를 잃고 나서 비로소 알았는데, 반려동물을 잃은 사람은 제일 먼저 '이제 우리 가족 외에는 그 아이를 모두 잊어버릴 거야' 하는 생각에 괴로워한다. 사실 친한 친구와 동물 병원 의사와 간호사, 직원들, 반려동물 친구들 또한 그 죽음을 알면 당연히 애도할 텐데, 자신들의 슬픔에만 빠져 있을 때는 그런 걸 잘 모르는 법이다. 그렇기에 K 씨 부부가 꽃다발과 함께 보내 준 메시지에 가슴이 뭉클해졌다.

동시에 민트가 없어 텅 빈 공간을 갖가지 색상의 꽃다발이 다소나마 메우고 있다는 것을 알았다. 아련한 꽃향기에도 마음을 다독여 주는 효과가 있었다.

펫 로스에는 꽃이 위로가 된다.

이 책을 집필하기 위해 펫 로스에 관한 신문, 잡지 기사를 섭렵하는데 '반려동물의 마지막, 꽃과 함께 보내다' 하는 제목의 기사가 눈에 띄었다.

'가족의 일원인 반려동물이 세상을 떠났을 때, 천국으로 갈 수 있기를 바라는 주인의 마음을 수많은 꽃에 담는 〈반려동물 꽃 장례, 미룰루〉가 4월 중순에 설립되었다.'

— 〈홋카이도 신문〉 2019년 7월 2일 자

이 기사에 따르면 애묘를 불과 한 살에 잃은 꽃 가게 주인(사토 하나미쓰 씨)이 자신의 경험을 바탕으로 죽은 반려동물이 수많은 꽃에 묻혀 떠날 수 있도록 하는 새로운 서비스를 시작했다고 한다.

사토 씨는 자신의 이름을 그대로 간판으로 내건 '꽃 가게 사토 하나미쓰'의 경영자이자 플로리스트이다.

삿포로 시내의 야마노테 길가에 있는 꽃 가게는 우연이지만 우리 집에서 그리 멀지 않은 곳이었다. 지금까지 수도 없이 그 앞을 지나면서도 모르고 지나쳤는데, 언뜻 봐서는 꽃 가게라기보다 무슨 부티크처럼 보이는 세련된 외양 때문에 그랬던 것 같다.

깔끔하게 정리된 2층의 작업 공간으로 올라가니 사토 하나미쓰花光 씨가 "죄송합니다. 이런 곳까지 오시게 해서" 하며 나타났다. 빛나는 꽃이라는 뜻의 이름처럼 밝은 블론드 색 머리가 인상적이었다.

30년 경력에 비로소 깨달은 꽃의 힘

앞에서 언급한 대로 사토 하나미쓰 씨가 〈반려동물 꽃 장례 미룰루〉를 시작하게 된 원점은 자신이 사랑하는 고양이의 죽음이었다.

"2018년에 보호 시설에서 형제 고양이 세 마리를 데려왔는데, 그중 한 마리에게서 선천성 심장질환이 발견되었어요. 심장판막

기형으로 수술도 할 수 없었죠. 동물 병원도 서너 군데 찾아다녔지만, 어디나 결과는 같았습니다. 연명 치료밖에 할 수 없다는 소견이었어요. 그 아이 이름이 '미루'였습니다."

심장판막이 기능을 하지 못해 체액이 역류해서 폐 등의 내장에 고이는 질환이었다. 할 수 있는 '연명 치료'는 일주일에 한 번 관을 삽입해 고인 체액을 빼내는 것이었다. 심장 전문 동물 병원까지는 차로 30분 거리, 사토 씨에게나 미루에게나 오가는 길이 고행이었다.

"차로 오가는 시간이 정말 싫었습니다. 그래도 '물'을 빼내고 돌아와 기운이 나서 조금씩 움직이기 시작하면 갔다 오기를 잘했다고 생각했죠. 매일 아침에 일어나면, '아직 살아 있겠지' 하면서 살금살금 들여다보는 나날이어서, 각오는 하고 있었어요."

병원을 석 달 다녔지만, 미루는 끝내 천국으로 떠나고 말았다. 밤중에 상태가 급변, 아내 메구미 씨 혼자 죽음의 순간을 지켰다고 한다.

"아내의 연락을 받고 집에 돌아가 미루의 유해를 보면서, 마지막 가는 미루에게 어떻게 하면 사랑과 감사를 전할 수 있을지 생각했어요. 당연한 일이지만 유해는 아무래도 털이 푸스스하고 생기도 없잖아요. 우리 미루, 끝에는 너무 말라서."

이야기를 풀어내는 사토 씨의 눈에서 눈물이 빛났다.

"그러다 아내가 미루의 유해를 꽃으로 빙 두르고 있다는 것을 알았습니다. 그녀도 꽃 가게에서 같이 일했거든요. 그걸 보고 '아' 하고 생각했어요. 깡마른 미루의 유해를 꽃으로 조금 꾸미니, 마치 꽃에게 생기를 얻은 것처럼 환해 보이더군요. 꽃이 함께 하니, 마치 꿈을 꾸며 잠이 든 것만 같아 슬픈 와중에 다소나마 위안이 되었습니다."

화장하는 날까지 이틀 밤, 미루는 꽃에 빙 둘러싸여 잠을 잤다. 미루를 위해, 미루에게 바친 꽃이었는데, 자신들에게도 위로가 된다는 것을 알았다.

"제가 꽃을 다룬 지 30년입니다. 지금까지 제단이나 묘소에 바칠 꽃다발도 아주 많이 만들었어요. 오해를 무릅쓰고 말씀드리자면, 돌이켜 보면 아무것도 모르는 채 그냥 만들었는지도 모른다는 생각이 듭니다. 꽃다발을 예쁘게 만들자는 생각은 있었지만, 사실 꽃에는 그보다 큰 의미가 있을 수도 있는데 말이에요. 먼 길을 떠난 사람에게 감사하는 마음을 전하려고 바친다, 그것도 꽃의 좋은 점이지만 꽃에는 보다 큰 힘, 가족과 주위 사람들까지 치유하는 힘이 있어요. 미루의 죽음을 계기로 '죽음과 꽃'에 대해서 진지하게 생각하게 되었습니다. 예로부터 사람이 죽었을 때 꽃을 바치는 풍습이 전 세계에 두루 있는 것은 자연스러운 일이라는 걸, 새삼스럽게 깨달았어요."

이스라엘 북부에 있는 카멜산의 중석기 시대(약 1만 5천 년~ 1만 1600년 전) 나투프 문화 유적지에는 무덤에 라벤더 등의 꽃을 바친 흔적이 있으며, 일설에 따르면 이것이 인류가 죽은 자에게 꽃을 바친 '가장 오래된' 사례라고 한다.

— 내셔널지오그래픽 공식 사이트, 2013년 7월 3일

"제가 가장 잘하는 일인 꽃을 꾸미는 것으로 미루에게 고마운 마음을 전할 수 있었습니다. 지금도 생각하면 슬프지만, 마지막 모습이 그 깡마른 모습만은 아니었다는 것만 해도 사실 큰 위안이 됩니다. 반려동물과 작별할 때, 저와 비슷한 생각을 하는 사람이 틀림없이 있을 테니까, 그런 사람들을 위해 제가 할 수 있는 일을 하자 한 것이죠. 미루가 가르쳐 준 셈입니다."

누구도 시도한 적 없는 서비스

반려동물을 떠나보낸 친구나 친족에게 '꽃다발을 보내고 싶다' 하는 의뢰는 많았다. 화장할 때 바칠 꽃다발을 만들어 달라는 주문도 종종 있었다. 그러나 사토 씨가 생각한 것은 꽃 전문가가 반려동물을 잃은 집에 직접 방문, 그 유해를 꽃으로 예쁘게 장식해서

떠나보내는 서비스였다. 조사해 본 바, 그런 서비스를 시도한 꽃 가게는 전국 어디에도 없었다.

이렇게 미루의 이름을 따라 '반려동물 꽃 장례 미룰루'를 시작했다.

전례가 없는 서비스였던 탓에 가격을 설정하는 데에 어려움이 있었다.

"정말 고민 많이 했습니다. 제가 미루를 떠나보낼 때 화장 요금으로 치른 돈은 아마 18,000엔이었을 거예요. 2만 엔을 봉투에 넣어 화장업자에게 건넸는데, 거스름돈은 받지 않았어요. 미루와의 마지막 작별이 2만 엔을 지불하고 거스름돈이 남는 금액으로 환산되는 것만 같아 싫었습니다. 한마디로, 제가 미루에게 쏟은 마지막 애정이 그렇게 싸지 않은데, 하고 생각했던 것이죠. 그렇다면 20만 엔, 30만 엔이면 수긍할 수 있을까 하면 그렇지도 않았어요."

결국 반려동물의 크기에 따라 요금을 달리했다. 5킬로그램 이하 소형견과 고양이의 경우 '꽃 장례+개별화장+유골 수습' 해서 42,900엔으로 설정했다. 이 세트의 구체적인 과정은 이렇다. 우선 사토 씨를 비롯한 직원이 의뢰인의 집을 방문해, 30분 정도 시간을 들여 물이 담긴 전용 용기에 꽃을 한 송이 한 송이 정성스럽게 꽂아 반려동물의 유해 주위를 장식하고 나면, 제휴 화장업자가 이동 화장차에서 개별 화장을 하고 뼈를 주워 항아리에 담아 반려동물의 주인에게 건넨다.

"처음에는 화장업자를 잘 알지 못해서, 삿포로 시내에 있는 화장업자에게 일일이 전화를 걸었어요. 제가 하는 얘기를 전혀 귀담아 듣지 않는 분도 있었고, 아예 콧방귀를 뀌는 경우도 있었죠(쓴웃음). 그런데 지금 제휴 중에 있는 업자는 아주 친절하게 얘기를 들어 주었어요."

서비스 사업을 시작한 지 두 달쯤 지난 2019년 6월, 첫 의뢰가 들어왔다.

"반려견이었어요. 경험이 전혀 없었지만 '오늘이 첫 일입니다' 하고 밝히면 손님이 불안해 할 수도 있으니, 그런 말은 할 수 없었죠. 자택을 방문하기 전에 몇 번이나 머릿속으로 연습했어요. 꽃 전문가로 그저 엄숙하게 일할 것인지, 아니면 가족에게 애도를 표하며 얘기를 나누는 게 좋을지. 파란 수국을 준비했던 기억이 나는데, 아마 손을 떨지 않았을까 합니다. 그런데 주인이 '이 아이가 말이죠' 하면서 얘기를 시작해, 그 깊은 애정이 전해지면서 같이 울다가 돌아왔습니다."

그 주인으로부터는 1주기 때 또 의뢰가 있었다고 한다.
"1년 전과 똑같은 파란 수국으로 주문했는데, 하필 그때 좋은 파란 수국이 없어서 분홍 수국으로 꽃꽂이를 만들고 파란 수국은 선물삼아 한 송이 들고 갔습니다. 손님과 잠시 얘기를 나눴는데, 1년이 지나도 여전히 슬픔이 가시지 않는다고 하면서 아직도 매일 떠올리며 눈물을 흘린다고 하더군요. 그래도 요즘은 텔레비전이나 길거리에서 개를 보면 흐뭇한 기분이 든다고도 하고요."

지금도 거의 매번 울면서 돌아옵니다

또 어느 때는 이런 일도 있었다.

꽃 장례를 의뢰한 주인은 열일곱 살의 토이 푸들을 잃은 부부였다.

"가져간 바구니에 사망한 반려견을 누이고 꽃으로 장식하기 시작했는데, 아저씨가 '죄송하지만, 한 번만 더 안아 볼 수 있을까요?' 하고 묻더군요. 당연히 그러시라고 대답하고 뒤로 물러나자, 아저씨가 반려견을 품에 안고 아내가 사진을 찍었어요."

작업을 마치고 다음 날 화장 절차에 대해서 얘기하자, 아저씨가 "이 바구니째로 화장하는 건가요?" 하고 또 물었다. 사토 씨가 화장할 때는 바구니에서 유해와 꽃을 꺼낸다고 대답하자, 아저씨는 안도한 듯이 이렇게 말했다고 한다.

"그럼, 내일 화장 전에 다시 한번 안을 수 있겠군요."

짧은 말 속에 담긴 깊은 애정이 전해져 사토 씨는 가슴이 뭉클해졌다. '꽃 장례' 사업을 시작한 지 4년이 지났는데, "지금도 거의 매번 울면서 돌아옵니다" 하면서 씁쓸히 웃었다.

'꽃 장례' 일은 의뢰 전화를 받은 시점부터 시작된다고 한다.

"늘 급하게 연락하세요. 아침에 전화를 받고, 그날 중에 자택을 방문하는 일이 대부분입니다. 그래서 처음 전화를 받을 때, 사망한 반려동물이 어떤 아이였는지, 종류나 크기는 물론 남자아이였는지 여자아이였는지, 털색이나 이름 등을 묻고서, 그런 여러 가지를 재료로 이미지를 떠올리면서 꽃을 준비합니다. 가령 검은 개면 하얀 꽃을 준비하는 식으로요. 또 계절감도 중요합니다. 봄에는 벚꽃이 조금이라도 섞여 있으면 좋아하세요. 여름에는 해바라기. 손님이 주문을 하는 경우도 물론 있습니다. '빨간 옷을 자주 입었으니까 빨간 꽃으로' 해 달라는 주문이 있었던 적이 있는데, 그때는 카네이션과 글로리오사를 준비해 갔습니다. 인간의 장례 때는 사용되지 않는 꽃이지만, 반려동물의 장례에서는 죽은 아이에게 꽃을 바치고 싶은 마음을 그대로 드러내도 좋지 않겠어요? 그 아이의 마지막을 장식하는 꽃이니, 우리도 그때그때 가게에 있는 가장 예쁜 꽃을 넉넉하게 준비해 갑니다. 결국 남기지 않고 돌아오게 되죠."

'이런 아이였을까' 하고 이미지를 상상하며 준비해 간 꽃으로 '꽃장례'를 치르면, 의뢰한 주인이 '우리 아이 이미지하고 똑같다' 하며 놀라는 일이 대부분이라고 한다.

반려동물을 잃은 집에 제일 처음 발을 들인다

내가 사토 씨가 하는 일에 관심을 가진 이유는 사토 씨가 반려동물이 죽은 직후의 가족을 일상적으로 접하는 제삼자로 일하기 때문이었다. 동물 병원의 의사나 직원조차 반려동물이 죽은 직후의 주인을 직접 접하는 일은 많지 않다. 반려동물이 죽은 후에 주인 혼자 동물 병원을 찾을 이유가 거의 없기 때문이다. 그렇다면 반려동물을 잃은 가족이 처음 접하는 제삼자는 주로 화장업자일 텐데, 사토 씨는 그 전에 가족의 집을 방문한다.

슬픔만 가득한 곳에 일상적으로 발을 들여놓는 그는 '펫 로스'를 어떻게 보고 있을지 궁금했다.

"펫 로스를 치유하기 위해 간다는 마음은 없어요. 없지만…… 작업을 하는 중에 많은 얘기를 해 주십니다. 우리 쪽에서 '어떤 아이였나요?' 하고 물으면, 처음 보는 우리에게 얘기를 많이 풀어놓아요. 마지막 아이 자랑 같은 것인지도 모르죠. 반려동물을 잃은 충격이 정말 크지만, 주위 사람들에게 그 감정을 바로 전하기는 어렵잖아요. 상대방의 반응에도 신경이 쓰일 테고. 그래서 얘기하지 않는 경우가 많지 않을까요. 하지만 보통 얘기를 하고 싶죠. 누군가에게 얘기를 하고, 또 누군가가 들어 주기만 해도 좋을 것 같아요. 우리로서는 얘기를 들어드려서 무거운 짐이 조금이라도 가벼워질 수 있다면 좋겠다는 생각입니다."

반려동물을 키우는 사람에게 언젠가는 반드시 찾아오는 '그날'을 위해, 사토 씨가 하고 있는 '꽃 장례' 같은 서비스가 있다는 것은 무척 고무적인 일이다. 사토 씨가 이 서비스를 시작한 지 벌써 4년이 지났는데, 그 사이에 유사한 서비스를 시작한 꽃 가게가 생겼을까.

"제가 아는 한은 없는 것 같습니다. 가능성 있는 사업이라 처음에는 후발 주자가 바로 생겨날 줄 알았어요. 그래서 좀 의외입니다. 하지만 우리는 반려동물의 마지막 가는 길을 꽃으로 장식하고, 꽃과 함께 떠나보내는 이 방식이 보다 널리 알려졌으면 합니다. 전화를 받고 2시간 사이에 꽃을 준비해 자택을 방문하는 일은, 꽃 가게가 아니면 할 수 없어요. 뒤집어 말하면 꽃 가게를 하는 사람이라면 누구나 할 수 있다는 뜻이기도 하죠. 그리고 반려동물과 함께 생활하는 사람들이 이렇게 많은 이상, 이 서비스를 원하는 잠재적 고객은 아마 전국 곳곳에 있을 겁니다."

사토 씨 같은 전문가에게 의뢰하지 않더라도, 꽃을 준비해서 주인이 제 손으로 직접 반려동물의 유해를 꾸며도 좋을 듯하다. 사토 씨 역시 그런 주문에도 응하고 있다고 한다.

취재 당일에도 오전에 '꽃 장례'를 치르고 왔다는 사토 씨는 마지막으로 이렇게 말했다.

"오늘도 울었습니다. 그런데 어느 댁이든 찾아뵐 때마다 새로운 발견이 있어요."

반려동물의 마지막 가는 길을 꽃과 함께 떠나보낸다. 그 꽃은 길 떠나는 반려동물과 주인을 잇는 마지막 끈이다.

제7장   미국 '펫 로스'의
                      최전선

"우리나라는 구미에 비해 펫 로스가 심각해지기 쉬운 경향이 있어요."

취재 중에 아베 씨가 그런 말을 했는데, 이유가 무척 궁금했다. 아베 씨는 다음과 같은 이유를 들었다.

- 구미 사람들은 마음의 의존 대상을 주로 자신이 믿는 '종교'에서 찾는 데 반해, 종교가 없는 사람이 많은 일본에서는 반려동물을 마음의 의존 대상으로 삼는 경향이 있다.
- 구미에서는 가족이나 친구와 일상적으로 허그와 키스를 나누는 등 인간끼리 신체 접촉의 기회가 많은데, 일본에서는 인간 대신 반려동물이 그 대상이 되는 경우가 많다. 반려동물을 잃

으면 신체 접촉을 동반하는 애정 표현의 대상을 잃는 격이다.

- 핵가족화가 진전, 예전에 비해 인간 사이의 거리 자체가 멀어졌다. 상대에게 속마음을 말하기가 어렵고, 타인에게 의존할 수 없다. 부모 자식 간에도 거리감이 있는 탓에, 의존 대상인 반려동물의 역할이 점점 더 커지고 있다.

세 가지 모두 수긍이 가는 지적이다.

앞에서 언급한 기무라 씨는 또 이렇게 말한다.

"우리나라도 그렇지만, 미국에도 펫 로스에 관한 논문이 사실상 별로 없습니다. 좀 의문이 들어, 펫 로스 지원 전문기관으로 알려진 콜로라도 주립 대학 어거스 연구소의 교수에게 왜 펫 로스에 관한 논문이 많지 않은지 물어본 적이 있는데요, 교수는 "펫 로스는 결국 반려동물 죽음 전후의 소통의 문제이기 때문에, 반려동물을 잃은 사람의 슬픔만 주목하는 게 아니라, 수의사와 반려동물 주인의 연대감까지 포함한 큰 틀에서 진찰 과정이 진행되기 때문"이라고 설명해 주었어요. 그래서 반려동물을 잃어서 슬픈 상태만을 따로 떼어 내 연구하는 경우는 별로 없는 것이죠."

펫 로스는 '죽음 전후의 소통의 문제'라는 지적이 흥미로웠다.

오리건에서 온 메일 한 통

그렇다면 구미에서는 펫 로스에 어떻게 대처하고 있을까? 그런 생각을 하고 있는 참에, 인터넷에 공개한 나의 업무용 메일로 미국에서 메일 한 통이 날아왔다.

"처음 인사드립니다. 미국 오리건주 포틀랜드에서 메일 드립니다."

보낸 사람은 포틀랜드에 사는 나카다 리에 씨. 〈주간문춘〉에 실린 펫 로스에 관한 나의 글을 읽고 그 감상을 메일로 보내 준 것이었다. 나는 몰랐는데 오리건주는 개를 위한 환경이 잘 조성된 'Dog Friendly(개가 살기 좋은)' 도시의 톱 순위에 자주 꼽히는 곳이라고 한다.

"우리 집에는 지금 세 번째 보호견 폴리가 있어요. 2019년 11월 첫 번째 보호견 라일리(Sir Ri-ley)를 잃었을 때, 스스로도 전혀 예상치 못한 상태에 빠졌습니다. '가족이며 친구이고, 파트너 같은 소중한 존재'였다는 것을 깨달은 것인데, 나만 매일 우는 것은 아닌지, 개를 떠나보낸 정도로 이렇게 매일 울다니, 그때 좀 더 치료를 제대로 할 수 있지 않았을까, 다른 방법이 있지 않았을까, 하고 생각이 끝이 없었어요. 이런 사람들을 지원하는 곳이 있다는 것을 알고, 라일리 사진을 지참하고 반신반의하는 심정으로 그룹 토킹에 참가했습니다."

펫 로스를 서포트하는 그룹이란 어떤 단체일까. 관심이 생긴 나는 나카다 씨에게 직접 연락해, 구체적인 애기를 들어 보았다.

개를 키운 적이 없었던 나카다 씨가 개를 한 번 키워 보자고 생각한 것은 2016년 12월이었다. 도널드 트럼프 씨가 대통령에 당선된 직후여서 항의 데모가 빈발하는 등 세상이 소란스러웠다. 나카다 씨는 개에게 집을 지키는 역할도 기대했다고 한다. 개를 보호하는 단체 사이트를 검색하다 미니어처슈나우저 라일리가 눈에 쏙 들어왔다. 라일리는 주인 여성이 고령이 되어 요양원에 들어가게 된 데다 가족도 개를 돌볼 수가 없어 어쩔 수 없이 보호 시설에 맡긴 개였다.

"그때 라일리는 이미 열한 살 된 노견이었어요. 격한 운동이 필요하지 않은 아이라 저로서는 조건이 좋았던 셈이죠."
이렇게 나카다 씨는 라일리를 맞았다. 산책하러 밖에 나가면 한 블록(약 60미터)에 5분이 걸릴 만큼 천천히 걸었다. 그렇게 자택 주변을 두 시간 정도 산책하다 보니, 나카다 씨와 라일리는 이내 동네에서 인기를 모으게 되었다.

"물론 그전에도 이웃과 교류는 있었지만, 라일리와 걷고 있으면 정말 많은 사람들이 인사도 하고, 말도 걸어 주고. 예전과 비교가 되지 않을 만큼 인간관계가 넓어졌어요."

노견과 함께하는 생활은 지금까지의 그녀 인생에서 경험한 적 없으리만큼 평온하고 따뜻한 시간이었다. 그러나 노견인 탓에 그 시간에 한계가 있었다.

"라일리를 데려올 때부터 알고는 있었지만, 사실은 전혀 몰랐다고 봐야겠죠."

2019년 11월, 열네 살이 된 라일리는 먹지 않기 시작하더니 급기야 혼자서는 일어서지도 못하게 되었다. 이별의 시간이 다가온 것을 감지한 나카다 씨는 라일리가 누워 있는 침대를 그대로 차에 실어 동물 병원으로 달려갔다.

"아프지만 않게라도 해 주고 싶어서……. '할 수 있는 게 없을까요?' 하고 수의사에게 물었지만, 여러 가지 검사는 할 수 있지만, 결과를 얻을 수 있을지는 알 수 없다고 하더군요. 축 늘어진 라일리를 보면서 저 역시 '이제 안 되는 거구나' 하는 걸 깨닫고, 그 자리에서 '안락사'에 동의했습니다. 제 손으로 라일리의 숨을 거두었어요."

나카다 씨가 당시를 돌아보았다.

"집에 돌아왔는데, 집이 그냥 텅 빈 거대한 공간으로 느껴졌어요. 그렇게 조그만 몸이, 그렇게 큰 존재였던 것이죠. 정말 매일 울었어요. 어쩌다 밖에 나가면 동네 사람들이 "라일리는?" 하고 물어서, 또 울음을 터뜨리고."

나카다 씨는 일본에서 시찰 연수와 교육 사업차 오는 사람, 국제 회의와 매스컴 관계자를 코디하는 현지 코디네이터 일을 하고 있다. 개가 죽었다고 일마저 거절할 수는 없었다.

"너무 많이 울어서 눈이 퉁퉁 부어, 붓기라도 가라앉히려고 아이크림을 잔뜩 사 들였어요. 일하러 나가기 전에 아이크림을 눈두덩에 듬뿍 발라 간신히 얼버무리곤 했죠(웃음). 지금 돌이켜 보니까, 일할 때만은 라일리를 잊을 수 있었네요. 그러니까 저에게는 일이 어느 정도 구원이었나 봅니다."

그러나 집에 돌아오면 또 울며 지내는 나날이었다.

"특히 늘 산책하러 나가던 저녁때가 되면 힘들었어요. 시간이 정말 느리게 흘렀어요. 해야 하는 일은 산더미처럼 쌓여 있고, 새로운 일은 엄두도 낼 수 없고. 멍하니만 지내다 보니 시간 관리도 안 되고. 머리가 좀 이상해졌나 싶을 정도였어요. 그래서 불을 써야 하는 음식은 만들지 않는 편이 좋겠다고 생각하고, 한동안은 요리도 하지 않았어요. 음식이 목에 잘 넘어가지도 않았지만……."

동물 병원에서 제공하는 '펫 로스 좌담회'

나카다 씨를 보다 못한 친구가 반려동물을 잃은 사람들을 위한 '서포트 그룹'이 있다는 것을 가르쳐 주었다.

그것은 반려동물을 잃은 주인들이 사전 예약 없이 무료로 참가할 수 있는 좌담회로, 포틀랜드에 있는 도브루이스DoveLewis 동물 병원이 장소를 제공하며 일주일에 한 번 열린다고 한다. 좌담회에는 진행자가 있고, 참가자는 각자 죽은 반려동물의 사진을 가져와 그 아이 자랑, 후회하는 마음, 또는 죄책감 등을 얘기한다. 미국에서는 알코올 중독 치료에도 이런 그룹 토킹의 유효성이 사회적으로 인지되어 있는데, 펫 로스 경험자를 대상으로 한 서포트 그룹은 아직 많지 않다고 한다.

"솔직히 처음에는 반신반의했어요. 미국 생활을 오래 했지만, 아직 일본적인 감각이 남아 있어서 전혀 모르는 사람들 앞에서 우리 개가 죽었다고 얘기한다는 게 너무 어색하고, 또 효과가 있을지도 의문이었죠. 눈이 퉁퉁 부어서 사람을 만나고 싶지도 않은데 말이에요(웃음). 그런데 정말 밥이 목에 넘어가지 않는 상태다 보니 지

푸라기라도 잡는 심정이랄까, 친구가 권하기도 했고, 그래서 밑져
야 본전인 셈 치고 가 보기로 했어요.”

사진을 손에 들고 동물 병원 회의실에 모인 사람들은 나이도 성
별도 경험도 제각각이었다. 유일한 공통항은 사랑하는 반려동물을
잃은 슬픔을 안고 있다는 점뿐이었다.
“최근에 잃은 사람도 있고, 십여 년 전에 잃었지만 아직 잊지 못
한다는 사람도 있었어요. 참가 인원은 대개 다섯 명 전후였습니다.”

좌담회를 시작하면서 진행자가 이런 말을 했다고 한다.
“여러분, 오늘 잘 오셨습니다. 이제 여러분은 반려동물 얘기를
하게 될 텐데요, 반려동물의 죽음에 대해서 어떻게 느끼는지는 저
마다 모두 다릅니다. 이렇게 느끼는 것이 옳다, 그렇게 느끼는 것
은 옳지 않다, 그런 것은 없습니다. 그런 의미에서 여러분 모두가
옳습니다. 여러분이 경험한 것, 느낀 것을 같이 공유하면서 그리프
워크를 지원하는 것이 이 모임의 목적입니다.”

그다음 진행자가 ‘자기소개를 부탁드린다’ 하면서 참석자 한 명을
지목하는 형태로 진행, 한 사람 한 사람의 이야기에 귀를 기울인다.
진행자는 얘기한 참석자의 말을 반복하듯이 “당신은 그런 기분이었
군요” 하고 공감하는 뜻을 표하며 그 자리의 분위기를 이끌어 간다.

"진행자는 임상 심리사 자격이 있는 전문가인데, 좌담회를 통해서 어떤 조언을 하거나, 항우울제 등 치료 방법을 제시하지 않았어요. 그냥 반려동물을 잃은 사람들이 모여서, 그 심경을 나누는 자리였습니다. 종교색도 없고요. 저로서는 아주 마음 편한 자리였어요."

처음에는 반신반의하는 심정으로 참석했던 나카다 씨였지만, 시간이 흐르면서 마음에 변화가 생겼다.

"들어보니까 전부, '그래, 맞아! 나도 그랬어' 하는 얘기였어요. 반려동물을 잃은 사람들은 역시나 '왜 그때 병원에 데려가지 못했을까', '일이 바쁘다는 핑계로 그 아이의 이상을 알아차리지 못했다' 하는 자책감과 후회에 시달리고 있더군요. 그런 얘기를 계속 듣다 보니, 저만 그런 게 아니라는 생각이 들면서 정말 마음이 놓였어요. 저는 사실 알지도 못하는 사람 앞에서 제 슬픔을 털어놓는 수치심이 더 컸는데, 그 자리에 있는 사람들이 진심으로 공감해 주는 것을 느끼고 조금씩이나마 슬픔을 덜 수 있었습니다."

모르는 사람끼리라서 좋다

모임이 끝나 갈 즈음, 이런 일이 있었다. 참석자 중 한 남자가 나카다 씨 옆으로 쓱 다가오더니 갑자기 무릎을 꿇고서 이렇게 말했다.

"저는 10여 년 전에 개를 잃었는데, 그때 심정을 다른 사람에게 말하는 게 솔직히 부끄러웠습니다. 고작 개 한 마리 죽었다고 그렇게 충격이 클 줄은 몰랐거든요. 그래서 리에 씨가 지금 얼마나 큰 고통을 겪고 있는지 잘 압니다. 하지만 괜찮아요. 저도 그랬지만, 반드시 이겨 낼 수 있습니다. 또 다른 개와의 만남이 있을 수도 있고, 무엇보다 당신은 혼자가 아니에요. 이렇게 슬픔을 나눌 수 있는 동료들이 있잖아요."

그 말이 나카다 씨의 가슴을 움직였다.

"바로 한두 시간 전까지는 전혀 모르는 사람이었는데, 시간이 지날수록 점점 연대가 깊어지는 신기한 감각이었어요. 오히려 모르는 사람끼리라서 좋았던 것 같습니다.

라일리를 잘 아는 동네 사람들이나 친구가 상대였다면, 그렇게 솔직하게 시시콜콜 다 털어놓지는 못했을 거예요. 이런 얘기를 하면 혹시 폐가 되지 않을까 하는 조심스러움도 있었고요. 그런데 그 좌담회 멤버는 모두 반려동물을 잃은 경험이 있고, 아직도 그 슬픔의 와중에 있다는 공통점이 있다는 게 큰 이점이었어요."

이 서포트 그룹은 그리프 카운슬링으로 저명한 에니드 트레이스먼Enid Traisman 씨의 제안에 도브루이스 동물 병원이 찬동하는 형태로 1986년에 시작되었다. 코로나 당시에는 온라인 형식으로 계속되었다(동 병원 홈페이지 https://www.dovelewis.org/community/events/virtual-petloss-support-group-meeting-32).

　모든 동물 병원에서 이런 좌담회가 진행되고 있는 것은 아니지만, 안전한 장소에서 같은 상처를 지닌 사람들이 모여 얘기를 나누며 펫 로스와 마주하는 이런 방식은 미국이기에 가능한지도 모르겠다.

　"미국에는 알코올 의존증 치료 과정의 하나로 그룹 토킹이 널리 보급되어 있기 때문에, 안전한 장소에서 공통항이 있는 사람들이 낯선 사람을 상대로 얘기하는 자리를 공유하는 일에 익숙해요. 또 병원 안내에는 펫 로스 증상이 보다 심각한 사람을 위한 긴급연락처 목록도 있고요. 이런 면에서 일본보다 심리 케어에 깊이가 있다고 할 수 있을지도 모르겠네요."

　결국 나카다 씨는 이 좌담회에 세 번 참석했는데, 회를 거듭하면서 그리프 워크가 확실하게 진전되어 세 번째에는 '새로운 개를 맞자'는 기분이 생겼다고 한다.

　"라일리가 떠나고 난 직후에는 두 번 다시 개를 키우지 않겠다고 맹세했는데, 언젠가부터 보호견의 입양자를 모집하는 사이트를 검색하게 되더라고요. 라일리가 다시 새로운 아이를 맞으라고 말하는 것 같았어요."

　라일리가 죽은 지 한 달 정도 지나, 나카다 씨 품에 새로운 아이

'스모키'가 안기게 되었다. 이 스모키를 둘러싼 이야기도 뒤이어 펼쳐진다.

스모키 이야기

　두 번째 아이로 보호견을 맞기로 한 나카다 씨는 여러 가지 정보를 수집하면서 미국의 보호견이 처한 가혹한 현실을 알게 되었다.

　"공립 시설에서 일시적으로 보호하는 개들 중에는 입양이 가능한 상태지만 그 유예 기간이 사흘에서 나흘밖에 남지 않은 경우도 흔히 있었어요. 사망률이 높은 보호견이 많기 때문인데, 특히 아홉 살이 넘은 노견은 시설에서 살아남을 기회가 훨씬 적어요."

　지역에 따라서는 크리스마스 시즌이 오기 전에 노견이 버려지는 충격적인 사태도 벌어진다고 한다. 믿기 어려운 일이지만, 크리스마스에 아이들에게 선물할 '크리스마스 강아지'를 구입하기 전에 노견을 시설에 두고 가는 사람들이 반드시 있다고 한다.
　"한편 그렇게 버려지는 동물들을 구하기 위해 세스나기 비행 자격증을 가진 사람들이 보호 단체를 결성해서 개와 고양이를 입양할 사람이 있는 곳으로 열심히 운반하는 활동을 하기도 해요. 어느 쪽이나 미국이라는 나라의 한 면을 보여 주는 것이죠."

이런 현실 또한 나카다 씨가 '구할 수 있는 개는 한시 빨리 구하고 싶다' 하고 마음먹는 동기가 되었다고 한다.

"계속 조사하다가, 몬태나주의 한 보호소에서 텍사스주에서 공수된 열 살 된 미니어처슈나우저를 보호하고 있다는 걸 알았어요. 바로 연락해서 입양 절차를 밟았습니다. 몬태나주에서 우리 집이 있는 오리건주 포틀랜드까지, 9시간이나 차를 타고 드디어 두 번째 아이 '스모키'가 도착하게 되었어요."

그때가 2019년 12월 8일이었다. 나카다 씨의 집에 개와 함께하는 생활이 돌아왔다. 그러나 그 행복한 시간은 어느 날 갑자기 툭 끊기게 된다.

"그다음 해 여름에 스모키를 미용하러 펫 살롱에 데려갔는데, 미용사가 스모키가 입을 열기 싫어하는데, 혹시 이에 이상이 있는지도 모르겠다고 하더군요. 그래서 바로 치과에 데려갔더니⋯⋯."

치과에서 '악성 흑색종일 수 있다. 빨리 암 전문의의 진단을 받는 게 좋겠다' 하는 소견을 보였다. 암 전문 병원을 찾아 검사한 결과, '역시 악성 흑색종이고, 남은 수명은 2주에서 4주 정도'라는 비정한 통보를 받았다.

"하지만 그날도 스모키는 밥도 잘 먹고, 산책도 했어요. 그래서 도저히 믿을 수가 없었습니다. 외과 수술도 받을 수 없느냐고 물었더니, '종양이 안구를 압박하고 있어서, 종양을 제거하려면 턱뼈를 절반 정도 깎아 내야 한다. 그 후에는 재건 수술이 또 필요하다'고 하더군요. 방사선 치료를 받고 싶어도, 포틀랜드에는 방사선 치료를 할 수 있는 시설이 없는데 제일 가까운 시애틀까지도 차로 세 시간. 무엇보다 남은 수명이 한 달이라면, 예약도 잡지 못한 채 시간만 다 갈 수도 있었어요."

그리고 한 가지 문제가 더 있었다. 고액의 의료비였다.
"CT 스캔으로 검사를 받으려면 1천 달러에서 2천 달러가 듭니다. 방사선 치료는 6천 달러, 항암제 약물 치료는 2만 달러가 든다는 말을 듣고는 눈앞이 캄캄해졌어요."

당시 나카다 씨는 코로나 여파로 이벤트가 줄줄이 중지되어 일을 하고 싶어도 할 수 없는 개점휴업 상태, 급기야 아마존의 창고에서 아르바이트를 해야 할 만큼 경제 상황이 혹독했다.
그런 사면초가의 상황에서 나카다 씨의 뇌리에 '어떤 계획'이 떠올랐다.

"스모키에게 '코로나가 끝나면 여기저기 드라이브 다니자' 하고 약속했었어요. 스모키에게 남은 수명이 정말 한 달 남짓인지는 알 수 없지만, 그렇다면 지금 그 약속을 지키자 싶어서."

그림처럼 아름다운 오리건 코스트, '오리건의 후지산'이라 불리는 마운트 후드, 웅대한 컬럼비아 계곡. 당일 돌아올 수 있는 먼 장소로 스모키를 데리고 다녔다. 병원에서 진통제와 항생물질을 처방받고, 평소에 먹이던 것보다 비싼 사료를 먹이고, 맥도날드의 치즈버거도 먹이면서 둘이 사진을 한껏 찍었다.

아름다운 풍경 속에서 볼을 스치고 지나가는 바람 냄새를 킁킁 맡으면서, 스모키는 눈을 가늘게 뜨고 기뻐하는 듯 보였다. 도저히 한 달 후면 목숨이 다할 개 같지 않았다.

"그 돌팔이 의사! 이런 스모키가 죽다니, 말도 안 돼!" 그렇게 생각했다.

그러나 전문의가 선고한 두 주일이 지나자 스모키는 식욕을 완전히 잃었다. 다시 일주일이 지나자 스모키는 비쩍 마르고, 제힘으로는 일어서지도 못했다.

"피를 토하기도 해서, 집에서 가까운 도브루이스 동물 병원으로 서둘러 데려갔는데……."

신형 코로나가 미국에서 가장 맹위를 떨치던 시기였다. 진찰실에도 들어갈 수 없는 상태라, 주차장에서 기다려야 했다. 주차장에서 전화로 접수 담당자에게 스모키의 상태를 알렸다.

"병원에 도착해서야 알았어요. 피를 토하는 단계에서 병원이 할 수 있는 일은 없다는 것을요. 그런데도 접수 담당자는 제 얘기를 가만히 들어 주고는 '검사는 할 수 있지만, 치료는 어려울 거예요. 안락사를 선택하는 방법도 있지만, 다만 그럴 경우, 당신은 차에서 기다려야 합니다. 같이 있을 수 없어요'라고 하더군요. 그 말을 듣고는 아직 시간이 있으니, 스모키와 함께 돌아가겠다고 대답하고, 엉엉 울면서 돌아왔어요."

접수 담당자는 나카다 씨에게 이렇게 말했다.
"주차장에 더 오래 머물러 계셔도 괜찮아요. 스모키와 함께 돌아갈 수 있는 상태가 되면, 아무쪼록 조심해서 돌아가세요."
그때의 나카다 씨에게 그 말은 더없는 위로가 되었다.
"역시 도브루이스 동물 병원은 응급 병원이라서 그런지, 접수 담당자마저 최종적인 상황까지 포함해서 주인의 심리 상태를 배려해 주는구나, 하는 생각이 들었습니다. 그 말을 듣고 다소나마 마음이 진정되었거든요."

사소한 일일 수도 있지만, 이런 대응에서도 미국의 동물 의료 현장이 반려동물의 주인과 소통하는 '깊이'가 느껴진다.

나카다 씨의 놀라운 결단

8월 23일 밤. 스모키의 상태가 위독해졌다.

"전문의가 선고한 대로, 정말 2주일 후였어요. 각오를 다지면서 다음 날 아침 9시로, 자택을 방문해서 죽음이 임박한 개를 돌봐 주는 서비스를 예약했습니다."

그러나 스모키는 다음 날 아침을 기다리지 못하고 숨을 거뒀다. 나카다 씨 집에 온 지 불과 8개월, 너무도 짧은 기간이었다.

다음 날, 나카다 씨는 '오리건 동물 애호협회'에 연락, 그쪽에서 보낸 차로 스모키를 운반해 화장했다. 재는 장미가 피어 있는 협회 마당에 뿌렸다.

그런데 내가 놀란 것은 스모키가 숨을 거둔 다음, 화장장으로 떠나기 전까지 나카다 씨가 보인 행동이다. 그녀는 스모키를 데려온 보호 단체의 홈페이지를 검색해 '새로 데려올 개'를 찾았다고 한다.

"물론 슬펐어요. 낮에 아르바이트를 하러 나가 있는 동안 스모키를 기다리게 한 것을 생각하면 후회스럽기도 했습니다. 그리고 의료비가 너무 비싸서 치료를 포기할 수밖에 없었던 것도 정말 마음의 상처가 되었어요. 그런 한편, 그렇게 제가 스모키의 죽음을 슬퍼하는 동안에도, '남은 시간'이 시시각각 임박해 오는 아이들이 몇 천, 몇만이나 있다는 걸 알고 있다 보니, 나도 모르게 컴퓨터 앞에 앉게 되더군요."

'그 아이'는 바로 찾았다. 라일리, 스모키와 같은 슈나우저 '폴리'였다.

"바로 단체에 연락해서 폴리를 데려오겠다는 뜻을 밝혔어요."

훗날 그 담당자는, 폴리 사진을 사이트에 업로드한 바로 직후에 나카다 씨의 신청이 있었다, 그 후에도 다른 사람이 바로 입양 신청을 했다, 그러니 "It's meant to be(폴리와 너는 인연이다)," 하는 말로 기적의 타이밍을 축복해 주었다고 한다.

나카다 씨가 새로 개를 맞는다는 소식을 들은 동네 친구들은 '뭐, 겨우 어제 스모키가 죽었는데? 너, 괜찮겠어?' 하며 믿기지 않는다는 표정을 지었다.

"스모키가 죽은 충격으로 제가 자포자기한 심정으로 개를 또 들인다고 생각했을지도 모르죠. 하지만 저는 스모키가 폴리를 찾아주었다는 느낌이었어요."

줌 화면 속에서 미소 짓는 그녀 품 안에, 나카다 씨 목소리에 가만히 귀 기울이고 있는 '세 번째' 아이 폴리의 모습이 있었다.

나카다 씨 본인이 "제가 사는 포틀랜드는 미국의 다른 지역에 비해 진보 성향이 강하고, 전위적인 움직임을 보이는 경향이 있어요. 펫 로스에 대해서도, 만약 텍사스주나 앨라배마주에 사는 분을 취재하면 또 다른 면을 보게 될 거예요" 하고 말한 것처럼, 나카다 씨 경우는 펫 로스를 둘러싼 미국 상황의 한 단면에 지나지 않는다.

그럼에도 나는 미국인들이 펫 로스를 어떻게 받아들이고, 또 어떻게 대처하는지 그 기본 전략을 볼 수 있었다.

정리하면 그것은, 반려동물을 잃은 사람의 해소할 길 없는 깊은 슬픔을 사람과 사람과의 '소통망'으로 연결해, 그 출구를 찾아 주는 게 아닐까. 알코올 의존증 치료에 효과를 발휘하는 그룹 토킹을 펫 로스에 도입한 시도, 위독한 상태에 있는 스모키를 안고 이러지도 저러지도 못하고 있는 나카다 씨에게 도브루이스 동물 병원의 접수 담당자가 취한 대응(얘기를 천천히 들어 주고, 그 얘기를 스스로 곱씹을 수 있는 자리를 제공한) 등은 그 한 예라고 할 수 있을 것이다.

크리스마스 시즌 전에 새 강아지를 사기 위해 노견을 보호 시설에 데려가는 사람도 있거니와 자신의 세스나를 띄워 버려진 개를 태우고 전국의 보호 시설 사이를 날아다니는 사람들도 있는 미국이라는 나라를 잘 보여 주는 듯하다. 더 나아가, 좋다고 여겨지는 일은 아무튼 시도해 보고, 문제가 생기면 그때그때 보완해 나가면 된다는 자세도 사뭇 미국답다. 나카다 씨 역시 이 점에 동의했다.

"우선은 '해 보자' 하는 정신이 확실히 있어요. '이런 건 별로 하고 싶지 않은데, 어떻게 생각해?' 하고 주위에 부담 없이 물어볼 수 있고, 질문을 받은 쪽도 대답하고 싶지 않으면 대답하지 않아도 되니 일본과는 큰 차이가 있죠. 시작하는 걸 잘하는 사람도 있고, 개선이나 홍보, 기술적인 도움을 주는 걸 좋아하는 사람도 있고, 스폰서 역에 적합한 사람도 있어요. 다양한 사람들이 한 목적 아래 모여, 각자의 특기와 전문 분야를 살리면서 목적한 바를 이뤄 나가죠. 일본은 처음부터 과도하게 완벽함을 지향한다고 할까, 사전에 문제점을 전부 없애지 않고는 시작할 수 없다는 얘기를 곧잘 들어요."

적어도 펫 로스 문제를 안고 있는 사람을 사람과의 '소통망'으로 끌어안는 방식에는 배워야 할 점이 있을 듯하다.

제8장

탤런트 가미누마
에미코 씨의 경우

부정적인 감정은 표현할 수 없는 연예인의 고달픔

글 쓰는 일을 시작한 지 3년 남짓 지났다. 그 사이에 펫 로스 경험자들을 취재하면서 '공개적으로 슬퍼하는 것'의 중요함을 깨달았다. 이미 얘기했지만, 개중에는 '반려동물을 잃은 정도로 이렇게 슬퍼하는 내가 이상한 게 아닐까?' 하면서 자신의 슬픔을 억제하는 사람도 있다.

그러나 스스로 자신의 슬픔을 인정하지 않으면 그 슬픔에서 회복되기 위한 그리프 워크 과정이 중단되는 꼴이 된다.

그런데 세상에는 '일터'에서 자신의 슬픔이나 고통 등의 부정적인 감정을 드러내서는 안 되는 사람도 있다. 연예인이 그렇다.

안방에서 기대하는 역할과 요구되는 캐릭터가 명확한 그들은,

사랑하는 반려동물이 죽어도 그 슬픔을 드러내고 또 질질 끄는 상황이 용납되지 않는다. 그렇다면 연예인은 펫 로스의 슬픔과 어떻게 마주할까.

그런 생각을 한 이유는 유명 연예인인 가미누마 에미코 씨(68세)가 열한 살 된 애견 '베베(수컷, 프렌치 불도그)'의 죽음을 한 라디오 프로그램에서 고백했기 때문이었다. 베베는 2022년 4월 23일에 세상을 떴다. 그로부터 석 달이 채 안 된 시기에 일면식 없는 필자가 취재를 청하자, 가미누마 씨는 "이런 취재, 반가워요" 하면서 기꺼이 응해 주었다.

이하는 당시의 가미누마 씨가 두 시간 반에 걸쳐 애견을 잃은 슬픔을 얘기한 인터뷰 내용이다.

아, 나도 뒤따라가겠네

"너무 슬퍼서, 가슴이…… 걸레를 비틀어 쥐어짜는 것 같았어요. 걸레가 되어 본 적은 없지만, 쥐어짜면, 아프겠죠. 여기(가슴)가 비틀리면서. 안 되겠다 싶었어요.

제 인생, 언제나 옆에 개가 있었습니다. 아와지섬에서 살던 초등학생 시절에는 일본 스피츠 채피, 오사카 시절에는 비글 조, 결혼후에는 래브라도 레트리버 리티, 토이 푸들 키키, 그다음에는 베베, 아무튼 늘 개와 함께였어요.

그래서 개를 천국으로 보내는 데 익숙하지 않을까 하고 생각할 지도 모르겠지만, 전혀 그렇지 않아요.

특히 베베는 '나만의 개'였습니다. 5년 전부터 남편과 따로 지내고 있어서요. 남편은 평소에는 아파트에서 혼자 생활하다 일주일에 한 번 식사를 하러 집에 옵니다. 편하겠다고요? 아무튼 집에 돌아오면 반겨 주는 것은 베베뿐이었어요. 리티가 세상을 떠났을 때는 남편도 두 아들도 같이 살았기 때문에 '네 사람의 개'로 리티를 떠나보냈지만, 그런 점에서도 베베는 '나만의 개'였습니다."

리티가 세상을 떠난 후 펫 로스가 심각했던 가미누마 씨는 남편 신페이 씨의 '다른 개의 힘을 빌리자' 하는 한 마디에 키키를 맞아들였고, 2년 후에 또 베베를 맞았다(키키는 2020년에 타계).

"베베를 펫숍에서 보고 그냥 한눈에 반했어요. 프렌치 불도그는 수명이 짧다는 걸 몰랐습니다. 베베를 안고 가게를 나서려는데, 가게 주인이 '8년'이라고 생각하라고 하더라고요.

"네? 무슨 말이죠?"

"이 아이 수명이요."

솔직히 '미리 말하지' 그런 기분이 들었어요(웃음). 사전에 알았으면 아마 키우지 않았을 겁니다. 그리고 역시 8년이 되자 수명이 다하더군요. 원래 장이 약한 아이였는데, 뼈만 남을 정도로 비쩍 마르더군요. 경련도 자주 일으켜서, '이제 때가 왔나 보다' 하고 각오를 했어요.

그런데 늘 다니는 동물 병원에서 수의사가 자신의 애견의 피를 수혈해 주었죠. 그 덕분에 연명했어요. 그것도 1, 2년이 아니라 4년 반이나."

베베가 덤으로 산 4년 반은 가미누마 씨의 연예인 인생에서 가장 힘들었던 시기와 겹친다.

"25년이나 계속했던 간사이 텔레비전 프로그램('쾌걸 에미 채널'), ABC의 '수다 쿠킹' 등 오래 진행했던 프로그램이 종영되는가 하면 사람에게 배신을 당하기도 하고, 갖가지 맹비난에 시달리기도 했습니다. 조금 전에도 말했지만 남편과는 별거 중. 그런데도 베베만은 언제 어떤 때든 집에서 나를 기다려 주었고, 무슨 일이 있어도 내 옆에 있어 주었어요. 베베가 있어서 얼마나 위안이 되었는지 모릅니다.

아무리 괴로울 때도 그 아이를 만지면 숨을 깊이 들이쉴 수 있었어요. 그런 아이가, 지금은 없습니다. 그 아이를 쓰다듬다 보면 (눈물을 글썽이며 가슴을 쓸어내린다), 꽉 막혔던 여기가, 숨이 탁 트이면서……. 이 손으로, 얼마나 쓰다듬고 만지고 했는지……. 털이 비단

처럼 매끄러웠어요. 볼을 쭉 잡아당기면 귀여운 귓불 같은 감촉이 느껴지고. 목소리도 얼마나 짱짱한지, 열두 살이라고 하면 사람들이 다 놀랐어요.

그런데도 한 3년 전부터 '결국은 나보다 먼저 떠나겠지' 하는 생각이 들었습니다. 몸이 다 떨렸어요. '아, 나도 뒤따라가겠네' 하는 생각까지 했어요. 그리고 올 4월에, 그 일이 현실이 되고 말았습니다."

'그날'의 일

"그날의 일은…… 그 며칠 전부터 아무것도 먹지 않았어요. 전날 동물 병원에서 건강검사를 했는데, 수치가 다시 나빠졌다는 말을 들었어요. 또 수혈을 하겠다고 해서, 다섯 시간 정도 기다렸다가 밤에 데리러 갔습니다. '이제 좀 더 살겠다' 하고 기뻐하면서 말이죠. 그런데 기운이 통 없었어요. 그래서 수의사에게 '기운이 좀 없어 보이는데, 어쩔 수 없겠죠'라고 했더니 선생님은 '이제 괜찮을 겁니다'라고 했지만, 아마 알고 있었겠죠.

'치료는 이것으로 끝이라고 생각하세요'라고 하더군요. 그 말을 듣고 좀 어리둥절했지만, 선생님의 안색을 보고 알았어요. 그래서 베베를 안고, 어렸을 때부터 다닌 병원의 대합실 소파, 진찰실 등을 '베베, 잘 봐 줘' 하면서 보여 주었어요. 이제 이곳에 올 일은 없겠다는 예감이 있었습니다."

밤 8시가 넘어 집에 돌아온 가미누마 씨는 남편 신페이 씨에게 '좀 위태로운 상태야. 오늘내일은 아니겠지만, 얼굴 보러 와요' 하고 연락한 다음, 둘이서 저녁을 먹었다.

"남편이 2층 침실로 올라가서, 나도 베베와 함께 자려고 했는데, 식당에 있는 좌식 의자에서 꼼짝도 하지 않았어요. 좌식 의자를 좋아하기는 했지만, 뒷발에 힘이 없어서 움직일 수도 걸을 수도 없었던 거예요. '엄마도 여기서 잘게' 하고서 부엌에 이부자리를 깔고 슬며시 누웠는데, 그때도 죽을 거란 생각은 정말 못했습니다.

그런데 새벽 3시쯤 되자 숨을 가쁘게 쉬어서, 그다음에는 계속 안고 있었어요. 화장실에 가고 싶을 때만 좌식 의자에 내려놓았는데, 그러면 베베가 고개만 들고 나를 찾았어요. 얼른 화장실에 다녀와 또 안고 있었습니다.

그리고 4시 반쯤 되어, 그때가 왔어요.

눈을 번쩍 뜨고(가빠진 숨과 연동하듯이), 볼살을 푸들푸들 떨더니 '부부부부'하는 소리가 나더군요. '괜찮아, 괜찮아, 엄마 옆에 있으니까' 하고 계속 말을 걸었어요. 베베는 눈도 감지 않고 내 얼굴만 바라보았어요. 그때야 수혈받은 피가 전부 흘러나와 이부자리도 내 잠옷도 뻘겋게 피투성이란 걸 알았어요.

숨이 점차 꺼져 가더군요. 마지막 순간에는 남편을 부르려고 했는데, '괜찮아. 나 혼자 지키지 뭐' 하는 생각이 들었습니다.

그리고 5시 3분 전에 내 품에서 숨을 거뒀어요. 그냥 놀랐어요.

그다음에는 뜨거운 수건으로 베베의 몸을 깨끗이 닦아 주고, 제일 좋아했던 매트 위에 눕히고…… 계속 쓰다듬었어요. 계속."

은퇴까지 생각했다

그날 텔레비전 녹화가 있었지만, 프로듀서에게 오늘은 도저히 갈 수 없다고 연락했다.

"이런 말을 하면 화를 내시는 분도 있겠지만, 가령 노래 한 곡 부르면 끝나는 프로그램이었다면 아마 갔을 거예요. 실제로 어머니가 돌아가신 당일에도 NHK 홀에서 노래를 불렀어요. '부모의 임종조차 지킬 수 없는' 직업이니까요. 그건 잘 알고 있었습니다.

하지만 베베가 죽은 날에 두 시간이나 되는 프로그램에 사회로 나서서 재미있는 얘기를 하며 분위기를 띄워야 한다는 게, 도저히 그럴 수 없었어요. 고맙게도 프로듀서가 쉬라고 해 주더군요. 열렬한 팬들은 화를 내겠죠. '개 한 마리 죽었다고 쉬다니!' 하고 말이에요. 그만큼 내 프로그램을 즐겨 본다는 뜻이기도 하지만 '이 프로그램을 낙으로 사는데, 쉬다니. 안 그래도 프로그램이 많이 줄었는데' 하는 식으로.

하지만 어쩔 수 없었습니다. 베베가 없으니 아무것도 하고 싶지 않았어요.

그날, 저는 은퇴까지 생각했어요.

오늘은 숨김없이 다 얘기합니다. 술에 기댔어요. 최근에는 혈당 수치가 높아져 술을 끊었지만, 맥주를 마시면 잘 취하니까, 베베가 떠난 후에 벌컥벌컥 들이부었습니다. 화장업자가 찾아오고, 출관을 할 때는 거의 휘청휘청, 남편이 부축해야 할 정도였어요.

……지금 생각해도, 용케 살아 있다 싶어요. 스스로도 참 질기다고 생각합니다. 목숨을 끊겠다, 뒤따라가겠다, 하는 말은 절대 하고 싶지 않지만, 정말 사라지고 싶습니다. 힘들고 괴로워요."

펫 로스에 따른 이상이 심신에 현저하게 나타났다.

"베베가 떠난 후에 저혈당 증세가 왔어요. 병원을 찾아 간혹 휘청할 때가 있다고 했더니 주치의가 깜짝 놀라면서 '그런 때는 바로 커피 슈거를 핥아 먹어라'고 하더군요. 후훗, 커피 슈거요. 병원에서 받은 팸플릿을 보니 정말 '커피 슈거'라고 쓰여 있었어요. 보통은 '단것을 먹어라' 하잖아요. 원칙주의자인 건지, 의외로 융통성이 없어요(웃음). 아무튼 혈당 수치를 낮추는 약은 복용하지 않게 되었어요. 베베 덕분이죠.

하지만 애틋하고 슬프고, 헤어날 수가 없었어요. 그래서 선생님에게 '혹시 펫 로스에 효과가 있는 주사나 약은 없나요? 3백만 정도까지는 낼 수 있는데요' 하고 묻기도 하고."

네가 하루빨리 추억이 되면 좋겠어

"집 안에 베베를 생각나게 하는 것들이 너무 많아요.

가장 힘든 건, 장 보러 나갔다가 집에 돌아와 현관문을 열 때입니다. 베베가 언제나 현관 매트 왼쪽 구석에 앉아서 기다렸거든요. 그 모습을 보면 '오, 베베! 착하게 잘 기다리고 있었어!' 하고 늘 말했죠. 지금은 문을 열기 전에 '그래, 베베는 없어. 응, 없어' 하고 혼자 중얼거리고 문을 열어요. 그러고는 '역시 없네' 하고 중얼거리면서 신발을 벗고 또 웁니다. 나도 모르게 '착하게 잘 기다리고 있었어?' 할 때도 있고요. 그런 때는 현관에 털퍼덕 주저앉아 웁니다. 그 외에도 좌식 의자, 거실 소파, 늘 앉아 있던 자리에 베베가 없다는 게…… 견딜 수가 없어요.

새벽 3시쯤에도 그래요. 베베가 장이 좋지 않아서, 그 시간쯤에 변을 보라고 마당에 내다 놓았거든요. 한 번 나가면 잘 들어오지 않아서, 꾸벅꾸벅 졸면서 기다리다 보면, '멍!' 하고 짖는 소리가 나서 퍼뜩 정신을 차리곤 했어요. 늦어서 미안하다고 하면서 엉덩이를 닦아 주고. 매일 그랬던 탓에 지금도 그 시간이 되면 저절로 잠이 깹니다. 그리고 새벽 3시에 베베가 없는 현실을 다시금 곱씹어요.

좀 불길하다 싶겠지만, 밤중에 향을 피우고, 향이 타는 동안 마음속으로 베베에게 말을 걸어요.

베베 지금 어디 있어? 이제 엄마 좀 괴롭히지 않으면 안 될까? 너무 힘들어. 엄마가 어떻게 하면 좋겠어? 베베가 어떻게 좀 해 줬으면 좋겠는데. 네가 하루빨리 추억이 되면 좋겠어. 우리 베베, 참 착한 개였지, 최고였어, 하고 추억하고 싶어. 그런데 아직은 그게 잘 안 되네.

끝없이 말을 걸어요. 내가 생각해도 참 말이 잘 나온다 싶어 감탄스러울 정도로 말하고는 끝에는 또 웁니다. 시어머니가 돌아가시고 난 다음, 평생 쓸 수 있을 만큼 향을 많이 얻었어요. 그런데 그게 전부 없어졌어요.

프로그램이 끊기고, 남편과 별거하고, 베베까지 떠나고. 10대 때부터 그렇게나 세금을 많이 냈는데, 왜 이렇게 힘들게 하는 거야! 하고 누군가에게 따지고 싶어요. 물론 관계없는 일이지만(웃음).″

벌레가 되어 날아왔다

펫 로스 체험자들을 취재하다 종종 '불가사의한 현상' 얘기를 들었다. 가미누마 씨도 유사한 얘기를 들려 주었다.

"얼마 전에, 폭우가 쏟아지는데 차를 몰고 돌아오는 길이었어요. 빨간 신호에 걸려 서 있는데, 베베랑 같이 수도 없이 산책하던 길이라, 또 '베베!' 하고 외치면서 울음을 터뜨렸습니다.

그런데 까만 벌레가 날아와서 앞 유리창 오른쪽에 얌전히 앉는 거예요. 파리도 아니고 풍뎅이도 아니고 바퀴벌레도 아니고, 본 적 없는 벌레였어요. '어, 베베? 베베니?' 했더니, 가만히 이쪽을 보는 거예요. 알겠더라고요. 베베가 틀림없다는 걸. 신호가 바뀌어서 '베베, 달릴 거니까 저쪽에 가 있어' 했더니 날아갔어요. 리티가 죽은 후에도 벌레가 한 번 집에 날아온 적이 있거든요. 천국에 간 개는 벌레가 되어 만나러 오나 봐요, 네(웃음). 그 후에 집에도 베베 벌레가 날아왔어요. 그때는 '이제 안 와도 돼' 하고 말했습니다. 잘못해서 죽이면 안 되니까(웃음).

한 번은 베베랑 똑같은 모습으로 나타나기도 했어요. 우메다 예술극장에서 〈메리 포핀스〉를 공연할 때, 아는 배우가 무대에 서기 때문에 보러 갔어요. 피날레에서 베베가 통로 저쪽에서 걸어오는 모습이 보이더라고요!

그래서 '이리 와, 이리 와' 했더니 걸어와서 내 무릎에 올라앉았어요. 내 무릎에서 같이 피날레를 봤습니다. 신나는 뮤지컬이라 베베도 좋아하겠다고 생각했죠. 나중에 함께 있던 사람이 '가미누마 씨, 좀 이상한 행동을 하던데' 하기에, '베베가 왔었다!'고 했습니다.

당연히 머리가 좀 이상해졌나 했을 텐데, '그럴 줄 알았다'고 해줘서…….

……그 멋진 개(눈물을 머금고)를 다시 한번 보고 싶어요. 정말, 5분이라도 좋으니까, 정말 만나고 싶습니다. 하지만 5분 후가 또 괴로우니까 안 되지, 하고 생각하기도 하고."

유체 이탈해서 차에 오르다

이렇듯 깊은 슬픔 가운데서도 가미누마 씨는 이 인터뷰 전에 방송국에서 라디오 생방송을 세 시간이나 진행, 청취자들이 슬픔의 영향을 조금도 느낄 수 없도록 재미있게 프로그램을 이끌었다. 펫로스는 이런 연예인에게 어떤 영향을 미칠까.

"이번에 처음으로 '경력이라는 걸 무시할 수 없구나' 하는 걸 느꼈어요. 차에 타기가 싫어요. '누가 간데' 하고 생각합니다. 기력도 없고요. 그러니 유체 이탈해서 차에 오르는 거죠. 그런데 정작 스튜디오에 도착하면 스위치가 켜져요. 하긴, 큰아들을 낳고 석 달만에 복귀한 후로 계속하고 있잖아요. 집에 돌아와 통곡을 하는 한이 있어도, 합격점은 땄으리란 자신이 있습니다.

'베베가 죽더니 에미코가 영 형편없어졌네' 하고 생각하는 팬들,

아마 없을 거예요. 만약 그렇다면 숫자로 나타날 테니까요. 시청률이나 청취율이 모든 걸 말해 주지는 않지만, 그래도 그 수치가 변하지 않았다는 점에 스스로도 만족하고 있어요.

그래도 집에 돌아오는 길에는 '베베도 없는데, 뭘 이리 열심히 하나' 하고 생각합니다.

어떻게 그럴 수 있느냐? 나도 잘 몰라요. 그냥 직업병이겠죠. 50년을 계속해 온 촉이 있으니까, 아무리 슬플 때도 재미있고 흥미로운 소재가 눈에 띕니다.

가령 슈퍼마켓에 가서도, 좀 재미나다 싶은 아저씨가 눈에 띄면 한참을 쳐다봅니다. 그러다 계산도 하지 않은 크로켓을 우걱우걱 먹는 걸 보고는 '와, 그냥 먹네' 하기도 하고(웃음). 그렇게 당당하게 먹으면 점원도 잘 모를 거예요.

그런 사람은 역시 눈에 띄어요. 타인의 기분도 잘 알고. 이렇게 말하면 '좋은 사람' 같겠지만, 나로서는 참 골치 아픈 성격이에요. 그런 감수성이 늘 쉬지 않고 작동하는 셈이니까, (펫 로스 역시) 배로 괴롭고 힘겹지 않나 싶기도 합니다."

무심한 위로의 말은 필요 없다

"그래서 가장 화가 나는 건, 무심한 위로의 말이에요. 베베가 떠나고 1, 2주쯤 지났을 때, 내가 '정말, 안 되겠어. 안 되겠어' 했더니, 어떤 사람이 '그런 말 하면 베베가 웃는다'고 하더군요. 정말 한 대 올려 치고 싶을 만큼 화가 났어요.(웃음) 마음이 담기지 않은 그런 말로 슬픔의 나락에 빠져 있는 사람을 위로하려 들지 말라고 말이죠. 아무 느낌도 없으면서 무슨 말이든 해야겠다 싶어 아무 말이나 던지는 '성의 없는 사람'의 표현이라고 생각합니다. 최악이에요. 말을 하려거든 스스로 말을 찾아서 하라고, 정말 그렇게 생각합니다.

말을 많이 해야 하는 직업이라, 아무래도 언어에 민감합니다. (반려동물을 잃은 사람에게는) 그냥 아무 말도 하지 않는 게 좋아요. 아무 말도 하지 않는 게 가장 좋다는 걸 이번에 처음 알았어요. '누가 이런 말을 해 주면 큰 위로가 될 텐데' 하는 말, 절대 없거든요."

슬픈 이별이 기다리고 있다는 걸 아는데, 왜 반려동물을 키울까?

'그날'로부터 석 달가량 지난 지금(취재 시점), 가미누마 씨의 심경에 어떤 변화가 있었을까.

"얇은 종이를 한 겹 한 겹 벗겨 내듯 슬픔과 마주하게 되었어요.

요즘은…… 엉뚱한 기억들이 떠올라요. 베베가 있고, 키키도 살아 있을 때, 둘을 데리고 오키나와에 간 적이 있어요. 비행기에 태우는 것도 처음이라 무척 설렜죠. 컨베이어 벨트를 타고 나온 둘을 픽업해서, 공항 근처에 있는 렌터카 센터에 가서 남편이 차를 빌리는 동안 밖에서 소변을 보게 했어요.

베베가…… 후후훗, 얼마나 한참을 참다가 누는지 마치 폭포 같았어요. 남편과 둘이 그 모습을 보면서 막 웃었는데, 오키나와 뉴스나 영상을 볼 때마다 그 모습이 떠오릅니다.

베베의 뼈 항아리를 흔들면 카랑카랑 소리가 나요. '어쩌다 이렇게 됐어' 하면서 꼭 껴안아요. 베베가 뼈가 된 현실을 받아들이려고 합니다.

뼈 항아리 하니까 생각나는 게 있는데…… 아하하하…… 화장장에 가려고 출관을 하는데, 내가 '베베!!' 하고 소리를 질렀어요. 그랬더니 운전사 아저씨가 의자에서 거의 떨어질 것처럼 놀라서. 지금도 미안하게 생각하지만, 운전을 제대로 할 수 있을지 걱정스러울 만큼 얼이 빠졌더라고요(웃음).

내 인생을 뒤흔들 만큼 재미있는 추억을 만들어 준 존재는 베베밖에 없어요. 뭐라고 할까…… 그렇게 사랑하는 마음이 있었으니 슬픔도 이리 깊은 것이겠죠. 그 점은 고맙게 생각합니다. 베베 덕분에 '감정의 서랍'을 전부 열어 사용했으니까요.

지금은 슬픔의 서랍이 마냥 열려 있는 상태지만, 그래도 상관없다고 생각해요. 인간으로 태어났으니, 감정이라는 재산도 사용할 수 있는 거다, 하고요.

정말 힘들어요…… 힘들어요, 정말. 평생 그런 서랍을 열지 않는 사람도 있죠. 반려동물을 키우지 않으면 그만이잖아요. 생각해 보면, 무거운 짐을 들어 주는 것도 아니고 그냥 꼬리를 흔들어 줄 뿐인데. 밥도 줘야 하고 산책도 시켜야 하고, 병을 앓으면 돌봐 줘야 하고. 그리고 언젠가는 슬픈 이별이 찾아온다는 것도 아는데 사람은 왜 반려동물을 키울까요.

나는 그 대답을 알아요. 그렇게 성가시고 귀찮은 일의 백 배, 아니 천 배로 사랑스럽기 때문입니다. 그 아이가 있지 않고는 얻을 수 없는 것들이 정말 많은, 둘도 없는 존재이기 때문이에요.

베베의 모든 몸짓, 표정, 감촉, 전부 다 기억합니다. 45년을 부부로 지냈지만, 남편에 대해서는 전혀 몰라요. 그제도 남편과 함께 술을 마셨지만, 나는 취할 수 없었어요. 남편은 얼근하게 취해서는 현역 시절의 자랑만 늘어놓고…… 벌써 15년 전에 회사도 그만뒀으면서(웃음). 베베가 죽은 슬픔 따위는 싹 벗어 버린 것처럼 보이고. 그런 성격, 정말 부러워요(씁쓸한 웃음).

석 달이 지나 슬픔의 바다에서 조금씩 헤어나고 있다고는 생각해요. 하지만 이 나이에 이런 상태는 너무 힘겨워요. 그리고 이번만큼은 리티가 떠났을 때처럼 '새로운 개를 키우자' 하는 치사한 방법도 쓸 수가 없네요. 내 나이를 생각하면, 책임질 수 없으니까. 아들은 걱정 말라고, 무슨 일 생기면 우리 부부가 맡아 키우겠다고 하지만, 폐를 끼치고 싶지 않아요.

개를 행복하게 하는 자격

가미누마 씨는 '새로운 개를 키우는' 것을 '치사한 방법'이라고 표현했다. 그러나 정말 그럴까. 펫 로스에 관한 취재를 계속하면서, 한 가지 깨달은 바가 있다. 그것은 펫 로스로 고생하는 사람은 거의 예외 없이 죽은 반려동물을 깊이 사랑했고, 그들을 객관적으로 보았으며 온 힘을 다해 행복하게 한 사람이라는 사실이다.

반려동물을 행복하게 할 수 있는 자격을 지닌 사람이라고 바꿔 말할 수도 있겠다. 나는 그런 사람일수록 사정이 허락되는 한 새로운 아이를 맞아야 한다고 생각한다. 새로운 아이를 행복하게 하는 과정에서, 펫 로스로 인한 마음의 상처를 치유하는 데 큰 도움을 얻을 수 있기 때문이다.

그리고 세상에는 행복해지기 위한 '순서'를 기다리는 동물들이 있다.

그 생각을 가미누마 씨에게 그대로 전했다.

"(미소 지으며) 개를 행복하게 할 수 있는 자격이라고요······ 그런 말을 들으니 기쁘네요. 키키도 베베도 리티도 조도, 우리 집에 온 개들은 모두 행복했다고 생각해요. 그렇게 사랑을 많이 쏟은 상대, 달리 없거든요.

그렇네요. 개를 행복하게 할 수 있는 자격이 있었네요. 기뻐요. 그렇지 않다면, 사랑한 의미도 없겠죠."

그리고 가미누마 씨는 나를 향해 "감사합니다" 하며 깊이 머리를 숙였다.

방안에 베베의 기척이 떠도는 듯한 느낌이 들었다.

—〈주간문춘〉 2022년 8월 18일, 25일, 합병호 일부 가필, 수정

훗날, 이 기사를 읽은 가미누마 씨로부터 매니저를 통해 다음과 같은 메시지가 왔다.

'눈물도 있고, 웃음도 있고. 이렇게 좋은 기사로 마무리해 주셔서 감사합니다. 이토 씨의 마지막 말을 다시 보니 반갑고, 인터뷰 때 듣지 못했던 이토 씨 자신의 마음도 문장으로 곁들여 주셔서 감사히 읽었습니다. 베베의 제단에 책을 바치고 초에 불을 밝혔더니, 지금껏 본 적 없는 연기가 오래오래 피어올라 깜짝 놀랐습니다. 덕분에 베베도 신이 나 만나러 왔는지 모르겠어요.'

제9장   배우 단 미쓰 씨의
          경우

"놀랐죠?"

취재를 위한 방으로 들어서자마자 단 미쓰 씨가 불쑥 그렇게 말했다.

"좀 야위었나 했습니다만……."

나는 뒷말을 얼버무렸다.

2022년 2월, 단 미쓰 씨는 애묘 '퀸시(스핑크스)'를 잃었다. 단 미쓰 씨와 매니저 나카야 씨가 좋아하는 뮤지션 '퀸시 존스'를 따라 '퀸시'로 이름 지은 그 고양이는 단 미쓰 씨의 저서에도 종종 등장한다.

고양이와 함께 푸근하게 잘 때가 가장 행복하다. 그건 결혼한 후에도 달라지지 않았다.

— 〈신, 단 미쓰 일기〉에서

나는 편집자 시절에 단 미쓰 씨 담당이었다. 그래서 연예계에 사는 단 미쓰 씨에게 퀸시가 거의 '전우' 같은 존재라는 것을 알고 있었고, 그 죽음의 충격이 얼마나 클지도 충분히 짐작하고 있었다. 그런데 예상을 뛰어넘으리만큼 초췌한 모습에 동요하고 말았다. 퀸시가 죽은 지 다섯 달 정도 지난 시점, 원래 같으면 도저히 취재—하물며 펫 로스에 관한—에 응할 컨디션이 아니었을 텐데, 의리가 두터운 단 미쓰 씨가 과거의 담당 기자가 청한 취재에 무리를 해 가며 나왔으리란 것을 쉽게 상상할 수 있었다.

체중이 30킬로그램 대로 급감

왜 단 미쓰 씨의 펫 로스는 이렇듯 처절한 상태가 되고 말았을까. 그녀가 키우던 동물이 세상을 뜬 것도 처음은 아닌데.

"출가하기 전 집에서 처음 키운 고양이, '스미레'가 열두 살 때 유방암으로 죽는 순간을 지켜보았어요. 그때는 어머니가 저보다 훨씬 더 슬퍼해서, 그런 어머니를 위로하면서 나 자신의 펫 로스는 '정화'되었던 것 같아요. 누구의 고양이라고 말하는 건 좀 이상하지만, 스미레는 어머니의 고양이였어요. 그런데 퀸시는 제가 연예계에 발을 들여놓은 무렵에 키우기 시작했기 때문에, 아무래도 좀 다르네요. 이번에 직접 경험하고 나니까, 그때 어머니의 슬픔도 이런 거였을까, 하고 뒤늦게 이해하게 되었어요."

2021년 11월경, 아홉 살밖에 되지 않은 퀸시의 상태가 이상해 동물 병원에 가서 검사를 받았다. 결과는 림프종, 즉 암이었다. 항암제를 투여, 한때 회복된 것처럼 보였지만 서서히 식욕을 잃어 갔다. 병원을 오가며 링거 수액을 투여받는 나날이 계속되었다.

"어떻게든 뭐라도 먹이고 싶어서 제일 좋아하는 것들을 주는데도, 약 때문에 입맛이 변했는지……. 무엇보다 그녀 의지로 먹는 게 아니라는 점이 힘들었어요. 거부하는 뜻으로 침대나 바닥에 그냥 똥오줌을 누기도 해서, 정말 미안했습니다."

그로부터 약 3개월 후인 2022년 2월 10일, 도쿄에 눈이 내렸던 날 퀸시는 저세상으로 떠났다. 영양식을 주사기로 먹인 직후에 상태가 급변, 바로 매니저의 차에 태워 병원으로 달려갔지만 숨을 거두고 말았다.

"주사기로 억지로 밀어 넣은 영양식을 천천히 밀어내듯 죽어 간 모습이 잊히지 않아요."

단 미쓰 씨가 맥없이 중얼거렸다. 단 미쓰 씨는 퀸시의 죽음에 앞서 2년 전에 사랑하는 할머니 다카코 씨를 잃었다.

"할머니도 마지막에는 식사를 못 하셨어요. 그런데도 어머니와 이모가 뭐라도 드셨으면 해서 병실에 먹을거리를 갖다 놓곤 했는데, '이제 먹으라는 소리 그만해라' 하시면서 화를 내신 적이 있어요. 퀸시와 할머니의 마지막 모습이 오버랩되어서 그만…… 역시 트라우마가 되었나 봐요. 할머니와 퀸시가 마지막에 하지 못한 것을 지금 저도 하지 못하는 것이라고 생각해요."

단 미쓰 씨는 이른바 '섭식장애'로 체중이 한때 30킬로그램 대로 급격히 줄었다.

"슬픔이 점점 몸에 배어들어서, 먹을 수도 없고, 잘 수도 없어요. 억지로 먹으면 토하고. 퀸시의 목숨을 구하지 못한 죄책감, 자기혐오 같은 감정을 정화하기 위한 루틴이 나 스스로를 아프게 하는 흐름인 거겠죠."

뭐가 힘든지, 모른다는 게 힘들다

단 미쓰 씨는 연예계에서 활동하기 전에 임바밍(Embalming, 사체 보존 처리)을 공부하고, 대학에서 해부 조수로 일한 것으로 알려져 있다. 한 인터뷰에서 단 미쓰 씨는 다음과 같이 말했다.

"그 경험을 계기로 '죽음'과 마주하게 되었어요. 그래서 임바밍 전문학교에 다녔습니다. (중략) 임바밍은 고도의 기술이 요구됩니다. 물론 사체를 다루는 것은 간단한 일이 아니죠. 그런데 그런 세계가 적성에 맞는다는 것을 알게 되었어요. (중략) 저는 시신을 만져도 무섭지 않아요. 아무 느낌도 없어요. 다만 '시신이네' 하고 생각할 뿐입니다. 그러니까 제게 맞는 일이었던 거겠죠."

— 〈닛케이 ARIA〉 2019년 6월 26일 자

그런 단 미쓰 씨이니, 애묘의 죽음에 직면해서도 특유의 자세로 받아들이지 않았을까. 취재 전 나는 그렇게 생각했다. 그러나 단 미쓰 씨는 고개를 저었다.

"임바밍을 배웠으니 죽음을 냉정하게 받아들일 것 같다는 말을 자주 들어요. 하지만 전혀 그렇지 않습니다. 시신을 해부하고 처치하는 것은 어디까지나 일이니까, 의식적으로 자신과 시신 사이에 선을 긋습니다. 하지만 소중한 사람이나 반려동물의 죽음은 생각만 해도 겁이 나고 무서워요."

단 미쓰 씨는 이십 대 때부터 정신적으로 불안정한 시기를 스스로 달래며 살아왔다. 그런데 할머니와 퀸시의 죽음으로 불안정한 레벨이 우상향한 느낌이었다고 한다.

"뭐가 힘든지, 모른다는 게 힘들어요. 누군가에게 얘기를 하면 잠시 가벼워지지만, 집에 돌아오면 또 죽고 싶을 정도로 힘들어집니다. 그래서 심리 상담 선생님이나 아주 가까운 사람에게만 얘기하고 있어요. 세이노 씨나 매니저 같은."

'세이노 씨'는 2019년에 단 미쓰 씨와 결혼한 만화가 세이노 도오루 씨다.

"퀸시를 매일 병원에 데리고 다니면서 링거를 맞히는 등 투병 생활을 할 때, 세이노 씨가 '퀸시에게는 당신 마음이 전해질 거야' 하고 말해 줘서, 고마웠어요. 내가 이렇게 되어서 걱정을 많이 끼쳤는데, 지금은 그냥 상태를 지켜봐 주고 있어요. 결혼을 해서도 같이 살지 않고, 세이노 씨가 작업실과 집을 오가고 있어요. 그래서 세이노 씨가 집에 있는 시간은 일주일에 절반 정도지만, 지금은 그 거리감도 고맙네요."

5, 6년 전부터 생각이 정리되지 않거나 말이 막히는 일이 있곤 해서 상담을 받으러 다녔다. 그런데 펫 로스로 인한 충격까지 더해졌다.

"증세만 봐서는 펫 로스, 그 이상이에요. 피를 피로 씻으려는 건 아니지만, 이런 상태가 되고 보니 펫 로스 증상 자체는 오히려 완화되지 않았나 싶어요. 퀸시가 죽은 후에 지금 같이 지내는 '동거인'들의 의식주를 다시금 돌아보고, 부족한 것은 없는지 살피게 되었어요."

'동거인'이란 퀸시 외에 단 미쓰 씨가 키우고 있는 반려동물로, 지금은 열대어, 잉꼬, 뱀, 킹카주(미국 너구리과의 포유류)와 함께 살고 있다.

"그들이 보다 쾌적하게 지낼 수 있도록 실내를 바꿔 보기도 하고. 그렇게 동물을 돌보는 일이 나쁜 루틴 속에 갇힌 저에게 다소는 도움이 되는 것 같아요."

연예인이라서 다행이었다

— '연예인이라는 것'이 단 미쓰 씨의 펫 로스에 어떤 영향을 미쳤을까요?

"오히려 다행이었어요. 연예인으로서의 역할을 다하고 있을 때는, 개인적인 일과 분리될 수 있으니까. 그리고 제 경우는 매니저와 메이크업 담당, 스타일리스트 등과 팀으로 움직이기 때문에, 그 가운데서 자신에게 요구되는 역할을 하면 일은 무리 없이 흘러가요. 그래서 얼마나 다행스러운지 몰라요. 그런 의미에서는 일주일에 닷새 일하고 이틀 쉬는 보통의 회사원들이 펫 로스를 이겨 내기가 훨씬 힘들지 않을까 해요."

— 펫 로스는 극복할 수 있는 것일까?

"아마, 힘들겠죠. 사람에 따라 '극복'이라는 말의 의미가 다르겠지만, 굳이 '극복'이라는 말을 사용한다면, 저는 저세상에 가서 퀸시를 만나는 것밖에 생각할 수 없어요. 물론 그래서 죽고 싶다고는 생각지 않습니다. 할머니도 만나고 싶고, 퀸시도 만나고 싶어요. 그건 죽고 싶다는 생각과는 좀 다른 감정이라고 생각하게 되었어요."

스포츠 센터 친구의 말이 큰 위로가 되었다

어느 때, 늘 다니는 스포츠 센터에서 나이가 좀 있는 한 친구에게 이런 말을 들었다.

"그래도, 내일은 반드시 오잖아."

이렇게 말한 사람도 불행한 일을 당한 가족이 있다고 들었다.

"지금 사우나를 하거나, 수영을 하고 또 목욕도 할 수 있다는 건 좋은 일이라고 생각해요. 그럼 되는 거 아닌가, 하고요. 제가 집 안에만 틀어박혀 지내거나 자책감 때문에 스스로에게 상처를 주지 않도록 예방해 준다는 생각이 듭니다. 암암리에 '아무리 슬퍼도 너

의 일상을 무너뜨려서는 안 된다' 하고 말이죠. 대화를 깊이 나누
다 튀어나온 말이 이렇게 인상에 남을 줄은 몰랐어요."

　— 만약 지금 반려동물을 잃어 슬퍼하는 사람이 있다면, 단 미쓰
씨는 어떤 말을 해 줄 건가요?

　"음, 말은 뭐라 하기가 어려울 것 같은데…… (잠시 생각하고서) 손을
살며시 잡거나 어깨에 손을 얹어 그 사람이 안고 있는 슬픔을 피부
로 느끼는 건 할 수 있지 않을까 싶어요. 많이 힘들지, 하면서요. 그
말밖에는……. 얘기를 들어 주기만 해도 도움이 된다고 하는데, 상
대는 그 얘기를 할 때마다 곁을 떠난 반려동물을 다시 한번 죽이는
셈이 되니까요."

　— 이 인터뷰도 그렇군요. 죄송합니다.

　"음, 우리는 (반려동물의 죽음을) 아는 사람들이니까."

　반려동물의 죽음과 마주함에 있어, 경험자들 모두가 입을 모아
'이별의 의식'의 중요성을 강조한다. 퀸시의 장례는 전에 집에서 키
웠던 고양이 스미레나 아야메처럼 절에서 치렀다.

　"세이노 씨와 어머니, 이모, 그리고 저, 그렇게 넷이서 조촐하게
치렀어요. 화장을 담당하신 분이 꼬리뼈까지 가지런히 챙겨 주셨
고. 예전에 하던 일이 그래서, 사람이 죽어 뼈가 되는 과정을 여러

번 봤어요. 빈소에서나 출관을 할 때나 세상이 무너진 것처럼 울던 유족분들도 납골을 하는 단계가 되면 의외로 침착해지시더라고요. 그런 모습을 보면서 '화장을 한 다음에 뼈를 줍는 과정이 중요하구나, 이때서야 체념하는구나' 하는 생각이 들었어요. 퀸시의 뼈를 담을 항아리를 꽤 비싼 항아리로 사려고 했는데, 퀸시가 서너 마리는 들어갈 만큼 너무 커서 귀여운 유리병으로 했어요. 눈에 잘 띄는 곳에 있으면 볼 때마다 마음이 괴로우니까, 퀸시의 물건이 담긴 상자와 함께 벽장에 넣어 두었습니다."

반려동물이 떠난 자리에는 유품만 잔뜩 남았다. 사료는 먹을 만한 고양이를 키우는 집에 주고, 마지막까지 먹었던 영양식은 그냥 버렸다.

"모두 추억이 담긴 것들이지만, 지나치게 많이 간직하는 것은 좋지 않을 듯해요. 몸에 안 좋아요. 퀸시가 사용하던 담요와 캐리어가 문제였어요. 담요는 킹카주나 다른 동물이 사용할 수 있지만, 캐리어는…… 그걸 살 때 '이걸 새로 사는 일은 없겠지' 했던 기억이 있어서. 일부러 지퍼를 풀면 납작하게 접히는 천 제품으로 샀거든요."

결국 접어서 비닐로 둘둘 감아 역시 벽장에 넣어 두었다.

나날의 생활에 집중하다

퀸시의 뼈 항아리 옆에 사진이 든 액자가 놓여 있었다. 다른 사진과 동영상은 전부 세이노 씨 작업실에다 보관하고 있단다.

"어렸을 때 사진은 괜찮지만 떠나기 전의 사진은 지금도 보면 힘들어져요. 그런 '힘들어지는 포인트'가 서서히 줄어드는 것이 곧 펫로스에서 회복되는 과정이겠죠. 하지만 아직은 언제 줄어들지 전혀 모르겠네요."

― 완전히 극복할 수는 없어도, 펫 로스의 괴로움을 조금이라도 완화할 수 있는 방법은 없을까요?

"저는, 지금 청소에 열을 올리고 있어요. 집 안을 깨끗이 하고 나면 제 마음도 좀 차분해지거든요. 제 마음이 산만하면 집 안도 어지러워서, 이대로 집을 떠나 어딘가로 가면 편해질지도 모른다는 기분이 들어요. 집 안을 깨끗이 치우고 나면 그런 기분이 잘 들지 않거든요. 냉장고 안도 얼마나 깨끗해졌다고요. 전에는 언제 사다 놓았는지 모를 만큼 굳은 머스터드가 버젓이 들어 있었는데(쓴웃음)."

― 나날의 생활에 집중한다는 뜻일 듯하다.

"신변 정리나 차림새 역시 그래요. 멋을 부리지는 않아도, 꼭 목욕을 하고 손톱을 깔끔하게 자르고 이를 닦고, 그렇게 단정하게 지내려고 합니다. 나 자신을 그렇게 좋아하지는 않지만, 정리와 청소를 잘할 수 있고, 같이 사는 동물들에게 편한 환경을 만들어 줄 수 있는 나 자신은 좋다고, 최근 들어 그렇게 생각하게 되었어요."

세상이 요구하는 이미지를 따라 연예인으로 일하는 동안은 펫로스의 슬픔이 다소 희석된다. 앞에서 다룬 가미누마 에미코 씨나 단 미쓰 씨나 마찬가지였다. 또 애견과 애묘가 없는 집으로 돌아왔을 때의 '죽고 싶지는 않아도', '사라지고 싶다' 하는 감정의 반전 역시 두 연예인에게 공통되는 것이었다.

그 '낙차'가 연예인이 펫 로스에 대처하기 어려운 지점이라고 여겨지는데, 단 미쓰 씨는 마지막으로 이런 말을 했다.

"펫 로스도 괴롭지만, 제가 이런 모습이 되자 '역시 결혼한 게 실패였다', '소속사는 대체 뭘 하는 것이냐' 하는 근거 없는 소문이 떠도는 것도 괴로워요. 모두들 저를 염려하고 또 잘해 주고 있는데, 배우자는 물론 가족들에게도 상처를 주었어요. 그래서 입원하지 않는 거예요. 후후후.

저세상에 간 아이들이 옹기종기 모여서, '그 사람이 우리 주인이어서 우리가 그렇게 행복했나 봐' 하고 얘기하는 그림을 만화처럼 상상하면서 살아갈 수 있다면, 하고 생각해요. 다행히, 만화가와 결혼하기도 했고. 그 만화가, 우리 왕관앵무랑 진짜 사이좋아요.

그 아이가 유일한 수컷인데, 수컷연합인 셈이죠(웃음)."

퀸시가 죽은 지 반년이 지나 단 미쓰 씨 집에 새로운 '동거인'이
생겼다.

"시어머니가 '아직 새로운 아이를 들이기에 이르다는 건 알지만,
그냥 보고만 있을 수가 없구나' 하셔서, 새끼 고양이 형제를 맞기
로 했어요. 인연도 좀 있고."

퀸시와 같은 스핑크스 종으로 이름은 하다오와 이사벨. 이 이름
은 세이노 씨의 매니저가 지어 주었다고 한다.

"두 마리가 언제나 같이 뒹굴고 같이 놀고 같이 자요. 그들에게
서 퀸시의 모습을 느끼는 건 아니지만 '고양이가 있는' 생활이 다시
돌아왔네요. 키우기 시작한 지 얼마 안 되어 그런지, 아직 심경이
변화했다는 자각은 없습니다. 그래도 괜찮아요. 고양이들이 지금
눈앞에 있다는 사실만으로도."

더 이상 덧붙일 말을 모르겠다.

— 〈주간문춘〉 2022년 9월 1일 호, 일부 가필, 수정

제10장

슬픔을 다독일
방법은 있는가?

반려동물의 죽음은 주인으로서는 거의 세상이 뒤집힌 것처럼 충격적인 경험이다. 이 말은 허풍이 아니다. 나 역시, 민트가 없는 세상에서 사람들이 아무 일도 없었던 것처럼 일상생활을 이어 나가는 광경이 정말 기이해 보였다. 마치 온 세계에 홀로 남겨진 듯한 감각이었는데, 언제까지나 그렇게 홀로 남아 있을 수는 없다. 매일 해야 할 일이 있고, 가정이 있고, 생활이 있다. 세상이 뒤집힐 정도의 슬픔과 어떻게든 타협하고 스스로를 달래면서 당분간은 반려동물이 없는 인생을 살아가야 한다.

그러기 위해서는 어떻게 하면 좋을까? 펫 로스를 이겨 낼 방법은 있는가?

이것은 나 자신이 펫 로스의 와중에 있을 때 가장 그 해답을 알고 싶었던 질문이었다. 이 책을 펼쳐 보시는 많은 독자 또한 가장 궁금한 대목일 것이다.

　그래서 이 주제로 취재를 시작한 당초에는 '펫 로스를 극복한다', '펫 로스로부터 벗어난다' 하는 표현을 자주 사용했고, 실제로 설문 조사 항목에도 그렇게 썼다. 그러나 취재를 계속하고, 설문 조사에 응한 답변을 읽어 나가면서, 나의 오류를 깨닫게 되었다.

　'극복한다', '벗어난다' 하는 표현에는 슬픔을 극복하고 원래 인생으로 복귀한다는 의미가 포함되어 있다. 그러나 반려동물과 일정 기간의 인생을 함께해 왔던 이상, 그 반려동물을 잃은 후에 무엇을 극복하고 어디에서 벗어나든 '반려동물과 함께였던 인생'으로 다시 돌아갈 수는 없다.

　결론부터 말하면, 펫 로스를 '극복하는' 방법은 아마도 없을 것이라고 생각된다. 있다면, 그 슬픔을 완화하고, 자기 인생의 일부로 받아들이는 방법이 아닐까 한다.

　이 장에서는 나 자신의 펫 로스 체험과 펫 로스 체험자를 인터뷰한 내용, 그리고 펫 로스에 대한 설문 조사의 답변 내용을 바탕으로, 다시 한번 '펫 로스를 완화하는 방법'을 정리해 보려고 한다. 일부 내용이 중복되겠지만 양해 바란다. 반려동물을 잃은 아픔과 슬픔을 알고 있는 사람의 언어는, 반려동물을 키우는 모든 사람에게 언젠가 찾아올 '그날'을 위한 준비가 될 것이다.

　설문 조사에 응해 준 답변자 가운데에는, 펫 로스에 대한 전문 지식이 있는 경우도 많았다. 반려동물 관련 학교에 다녔다는 Naa 씨(30대, 홋카이도)는 스코티시폴드 '벨'을 두 살 때 잃었다. 펫숍에서 한눈에 마음에 들어 데려왔는데, 골격에 선천적 기형이 있었다고 한다.

　"이별의 날이 너무나 갑자기 왔어요. 세상을 뜨기 전날 밤에 사료를 먹지 않았고, 다음 날에도 아침을 먹지 않고 어리광만 피우더군요. 뭐라도 먹어야 한다는 조바심에 장을 보러 나갔다가 20분 정도 지나 돌아왔는데, 축 늘어진 채 숨을 쉬지 않았어요. (중략) 죽음의 때를 스스로 알고 옆에 있으라고 그렇게 어리광을 부리지 않았나, 그런 생각을 하면서 계속 안고 있었습니다. 몇 시간이 지나, 사방이 캄캄해진 걸 알고 정신을 차렸어요."

　Naa 씨는 "아무리 사전 지식이 있어도, 펫 로스는 와요"라고 하면서도 이렇게 말을 이었다.
　"저마다 펫 로스의 형태는 다르겠죠. 하지만 펫 로스에 대해 알고 있는 것과 모르는 것과는 차이가 있어요. 그냥 머리 한구석에 담아 두어도 좋으니, 펫 로스에 대해 알아 두세요."

또 앞에서 언급한 유코 씨도 '반려동물이 살아 있을 때 해야 할 준비'로 자신의 경험담을 말해 주었다.

"몇 년 전에, 그러니까 심바가 아직 건강할 때, 고양이의 죽음에 관한 책을 세 권 정도 읽은 적이 있는데, 참고가 되었어요. 죽음에 관한 책은 반려동물이 건강할 때가 아니면 너무 안타까워 읽을 수 없으니 시니어에 접어들면 미리 사서 읽고, 늘 곁에 둘 것을 권합니다."

펫 로스에 대해 아는 가장 큰 이점은, 반려동물이 죽은 후에 '지금 이렇게 슬픔 속에 있는 것은 당연한 일이다. 마음껏 슬퍼해도 괜찮다' 하고 스스로에게 '허락'할 수 있는 점이라고 생각한다.

'그날'이 가까워지면 일을 쉰다

반려동물 때문에 일을 쉰다는 것은 대부분의 사람들에게 쉬운 일이 아니다. 그럼에도 이렇게 쓰는 것은 '반려동물 장례 휴가'를 받을 수 있는 회사도 있기 때문이다. 예를 들면 반려동물 보험회사인 아이펫 손해보험 주식회사가 그렇다. 이 회사에서 실시한 펫 로스 관련 설문 조사 내용은 앞에서도 몇 번 인용했다.

이 회사에서는 2016년부터 개나 고양이와 함께 사는 사원을 대상으로 '반려동물 휴가 제도'를 도입했다. 반려동물과 함께 지내기 위한 '반려동물 휴가'를 1년에 이틀 신청할 수 있고, 반려동물이 사망한 경우에는 1년에 사흘(1년에 한 마리) 휴가를 신청할 수 있다.

"우리 회사에서는 '반려동물은 가족'이라고 생각합니다. 경영 이념에서도 '반려동물과 사람이 두루 건강하게 살 수 있는 사회'를 지향하고 있죠. 반려동물 보험을 취급하는 회사로서, 회사원과 그들의 반려동물이 건강하게 살기 위한 제도를 적극적으로 도입해야한다는 생각으로 반려동물 휴가, 반려동물 장례 휴가를 실시하고 있습니다."(동사 홍보부)

처음에는 개와 고양이로 대상을 한정했지만, 지금은 새, 토끼, 페럿(ferret), 고슴도치, 날다람쥐, 다람쥐, 기니피그를 비롯해 도마뱀, 카멜레온, 이구아나, 거북 등의 파충류까지 대상을 넓혔다고 한다. 다만 개와 고양이 외의 반려동물은 1년에 하루만 휴가로 사용할 수 있다고 한다.

"2021년도 이용실적은 반려동물 휴가가 106명, 반려동물 장례 휴가는 19명입니다. 2022년도는 2023년 1월 말 시점에 휴가가 142명, 장례 휴가가 11명입니다."
이 회사의 사원은 2023년 1월 현재 약 570명이라고 하니, 25퍼센트 정도의 사원이 반려동물을 위해 휴가를 사용한 셈이다.

"반려동물 휴가는 평소에 반려동물과 여유롭게 지내기 위해서 사용하는 경우도 많지만, 임종에 가까운 단계가 되면 남은 시간을 함께 보내거나 병원에 데려가기 위해 사용하는 경우도 많습니다. 실제로 반려동물의 건강 상태가 좋지 않아 휴가를 받아 병원에 데려갔는데, 안타깝게도 숨을 거둬 이어서 장례 휴가를 사용한 경우도 있고요. 우리 회사로 이직한 한 사원은 '전에 다니던 회사에서는 반려동물의 건강이 안 좋아서 빨리 퇴근하겠다고 하면 상사가 못마땅한 표정을 짓곤 해서, 반려동물을 이유로 휴가를 내기가 껄끄러웠다. 이런 제도가 있어 정말 고맙고, 안심하고 일할 수 있겠다' 하는 말도 하더군요."

이런 제도를 통해 직장 내에서 '펫 로스'가 공인되고 있다는 점도 괄목할 만하다.

"평소에도 자연스럽게 반려동물 얘기를 하는 사원들이 많아요. 반려동물이 상태가 좀 안 좋다는 말을 들으면, 상사나 동료들이 휴가가 필요하면 언제든 신청하라고 말해 주기도 합니다. 사망한 다음에도 그 슬픔을 어느 정도 직장 동료와 공유할 수 있어 힘이 되는 것 같아요."

이 회사 내에서 펫 로스로 인해 출근을 하지 못한 경우는 아직 보고된 바가 없다고 한다. '마지막 이별'을 어떻게 했느냐에 따라 펫 로스의 정도가 달라진다는 점에 대해서는 제5장에서 이미 언급했지만, 가령 '반려동물 휴가' 제도는 없더라도 '그날'이 가까워졌을 때 회사를 쉬는 선택의 효용성은 알아 두는 편이 좋을 듯하다.

그 슬픔을 누구에게든 얘기한다

반려동물이 세상을 떠났을 때, 그 슬픔을 얘기할 상대가 있는가. 펫 로스의 '첫 파도'의 충격을 이겨 내는 방법은 거의 그게 전부다.

'어떻게 하면 펫 로스에서 회복될 수 있을까?' 하는 질문에 대해서, 내가 취재한 펫 로스 전문가들 모두가 입을 모아 '그 슬픔을 누군가에게 얘기하는 것이 최우선'이라고 답했다.

문제는 슬픔을 얘기할 대상을 찾기가 상당히 어렵다는 점이다. '반려동물을 잃어서 너무 슬프다고 말하면 상대는 곤혹스럽지 않을까' 하고 염려하는 사람도 있을 것이다. 그렇기 때문에 하마노 씨와 요코야마 씨 같은 '펫 로스의 슬픔을 들어 주는 전문가'가 필요하다는 점을 알아 두는 것이 좋겠다.

한편 요코야마 씨는 이런 지적도 했다.

"사실 정신 상담이나 심리 상담을 받지 않더라도, 누구든 타인에게 얘기할 수 있다면 펫 로스를 이겨 낼 계기를 잡을 수 있을 겁니다. 다만 주의할 점은 반려동물 관련 종사자—수의사나 간호사, 또는 반려동물 친구—도 슬픔의 양식이 저마다 다르다는 것이죠. 따라서 얘기하는 사람은 상대에게 자신의 슬픔이 전해지지 않는다고 답답해해서는 안 되고, 듣는 사람도 '이렇게 하면 어떻겠느냐' 하며 해결책을 제시하거나 원인을 따지려 들지 말고 그저 들어 주는 것이 중요합니다."

설문 조사의 답변을 살펴보아도, 반려동물을 잃은 경험이 있는 사람에게 얘기한 것이 큰 도움이 되었다는 경우가 적지 않았다. 앞에서 예로 든 유코 씨는 펫 로스 경험이 있는 친구 셋에게 연락해, 자신이 감당하고 있는 괴로움을 공유했다.

"뼈 항아리를 껴안고 잤다는 등, 각자의 체험담을 듣고서, 나의 고통을 그들이 이해해 주는 듯한 느낌이 들었고, 나 혼자만 이런 게 아니라는 걸 알았어요. 무척 위안이 되었습니다."

꽃 가게에서 일하는 미유키 씨는, 꽃 가게의 재롱둥이 '미유'를 열일곱 살에 잃었다.

"같은 경험이 있는 사람에게 털어놓고 얘기했어요. 또 꽃 가게에서 미유를 무척이나 귀여워했던 사람이 같이 울어 주어서, 슬픔을 덜기도 했고요."

롱코트 치와와 '칩'을 잃은 chip 씨는 1년이 지나도 펫 로스에서 회복되지 못했지만, 칩의 마지막 순간을 함께한 친구가 "모습은 보이지 않아도 언제나 여기 있을 거야"라고 한 말에 다소 위안을 받았다고 한다.

자신의 슬픔을 얘기하면서, 같은 슬픔을 겪은 펫 로스 경험자의 경험담에 귀를 기울이는 것도 좋은 방법일 듯하다.

흥미로운 것은 미국에 사는 나카다 리에 씨가 미니어처슈나우저 라일리를 잃은 후에, 친구가 가르쳐 줘 참가한 펫 로스를 지원하는 좌담회이다. 반려동물을 잃은 경험이 있다는 공통항 하나로 모인 사람들 앞에서 각자의 상실 체험과 슬픔을 얘기하는 이 모임에서, 나카다 씨는 큰 위안을 얻었다고 한다.

"처음에는 모르는 사람들 앞에서 자신의 슬픔을 얘기한다는 것이 좀 수치스러웠어요. 그런데 그 자리에 있는 사람들이 진심으로 공감해 준다는 것을 느끼고 슬픔이 완화되는 기분이었습니다."

오히려 상대가 모르는 사람이었기에 '반려동물을 잃었다'는 유일한 공통항이 시간의 흐름과 함께 깊은 연대감으로 바뀌어 갔는지도 모르겠다. 미국과 일본은 문화적으로나 정서적으로나 차이가 있지만, 일본에서도 이런 시도가 있으면 좋지 않을까 한다.

그런데 설문 조사에 응한 답변자들 가운데에는, 질문에 답하는 과정에서 속마음을 겉으로 드러낸 덕분에 슬픔의 무게를 덜었다고 한 경우가 의외로 많았다.

"답변을 작성하면서, 머릿속으로만 생각하는 게 아니라 말로 표현하고 글자로 쓰고 머릿속으로 그리는 차분한 시간을 가진 덕분에 '잃었다'는 상실감으로만 치닫던 감정이 누그러들고, 행복한 시간과 관계를 즐겼다는 확신을 갖게 되었어요. 그 확신이 버팀목이 되지 않을까 합니다."(나유타 씨)

"페어리(페르시안)와의 이별을 가볍게 얘기하고 싶지 않은 마음이 강했어요. 그래서 아무에게도 말하지 않고 가슴속에 담아 두고 지냈는데, 같은 경험이 있는 사람에게 얘기하면서 그 심정을 전하고 눈물을 쏟아 내는 것도 중요하다는 것을 이번에 알았습니다. 생각하면 지금도 눈물이 흐르지만, 이런 형태로나마 얘기할 수 있어서, 정말 감사합니다."(욘하치 씨)

이 설문 조사 사이트는 이 책이 발간된 후에는 닫을 생각이었다. 그런데 펫 로스로 마음을 앓는 사람들이 이곳에 글을 올리며 위안을 찾을 가능성이 있다면, 당분간 그대로 열어 놓자고 생각한다.

이토 히데노리의 블로그 http://itohidenori.com

인스타그램 〈보호견 레타라의 모험〉 https://www.instagram.com/retar_chupki/

나는 글을 쓰는 사람으로서의 라이프 워크로 답변을 올려 주시는 분들과 반려동물의 '이야기'를 계속 읽어 나갈 생각이다.

아무튼 집을 나서서 걷는다

내 경우, 슬픔을 다독이는 데 가장 효과적이었던 방법이 '떠나간 민트의 목줄을 손에 들고 산책하는' 것이었다. 펫 로스에 대처하는 방법의 하나로 어디엔가 소개된 것을 보고서 직접 해 본 결과, 효과가 있었다. 민트와 함께 걸었던 장소든 아니든, 가고 싶었는데 가지 못한 장소든, 아무튼 마음 닿는 대로 어디든 걸었다. 그렇게 걷고 있는 동안은 눈물이 흐르지 않았고, 슬픔도 다소 누그러졌다. 지금 당시에 걸었던 길을 다시 걸으려면 아마 힘들겠지 싶을 정도로 수많은 길을 걸었다.

근자에 정신의학 분야에서 워킹과 조깅 등의 운동이 우울증이나 불안장애를 해소하는 데 효과가 있다는 보고가 있었다. 적당한 운동을 하면 뇌에서 감정 조절과 정신 안정에 관여하는 신경전달물질 '세로토닌'이 분비된다는 사실이 발견된 것이다.

이런 발견도 '산책이 펫 로스에 좋다'는 견해를 뒷받침하는 사례가 되겠지만, 내 경험상 산책을 함으로써 일단 집 안에 틀어박히지 않을 수 있다는 점이 가장 큰 효과가 아닐까 한다. 밖에 나가면 산책하는 개를 보게 되고, 그러면 자신의 개가 떠올라 괴롭다는 사람도 있지만, 푸들 믹스 '푸'가 열여덟 살 나이에 자신의 품에서 숨을 거뒀다는 Rie 씨(50대, 홋카이도)는 이렇게 답해 주었다.

"아직 펫 로스에서 완전히 벗어난 것은 아니지만, 감정을 애써 억제하려고 하지는 않아요. 밖에 나가 산책하는 개를 보면 말을 걸기도 하고, 주인에게 양해를 구하고 만져 보기도 합니다. 푸와 함께 즐겨 산책하던 공원에 가서 '우리 참 즐거웠지, 고마웠어' 하고 중얼거리기도 하고요."

Rie 씨의 경우 다른 개의 주인과 자진해서 소통하려는 점이 훌륭하다. 실제로 자신의 개를 잃은 후에 다른 개와 접하면서 회복의 실마리를 잡았다는 사람도 적지 않다. 푸와 산책하던 공원에 가면 슬픔을 느끼지 않을 리 없겠지만, '우리 참 즐거웠지, 고마웠어' 하고 중얼거리는 장면에서는, 제5장에서 소개한 신관 기쿠치 야스코 씨의 "반려동물에게 '감사'의 마음을 갖느냐 못 갖느냐에 따라 달라지겠죠" 하던 말이 떠오른다. 감사하는 말이 슬픔으로 가득한 마음속에 아련한 온기의 불꽃을 밝힌다. 그 작은 불꽃을 키워 나가는 과정에서 펫 로스의 슬픔은 완화될 것이다.

집 안을 청소한다, 이사를 한다

반려동물을 잃은 주인은 뒤에 남은 여러 '유품' 앞에서 어쩔 줄을 모른다. 사료, 밥그릇, 물그릇, 목걸이, 목줄, 즐겨 앉고 누워 있던 방석, 좋아했던 장난감, 병원에 다닐 때 사용했던 케이지 등등. 이것들을 처리해야 할 것인지, 남겨 두어야 할 것인지 결정하지 못한다.

시바견 '이즈미'를 잃은 내 친구 교코 씨는 이렇게 가르쳐 주었다.

"사랑하는 개를 저세상으로 보낸 한 친구는 '보기만 해도 괴롭다'면서 유품을 전부 처분해 버렸어요. 그런데 얼마 지나자 그 아이가 살아 있었다는 표시가 전부 없어지고 말았다면서 몹시 후회하더군요. 그래서 저는 이즈미의 유품을 일단 벽장에 보관하다가, 시간이 흘러 감정이 조금 진정된 후에 다시 꺼내 보면서 하나하나 정리했어요. 늘 그 아이가 누워 자던 방석도 버릴까 말까 고민했는데, 결국 그냥 놔두기로 했습니다. 지금도 화창한 날이면, 그 방석에 누워 햇볕을 쬐고 있는 것만 같아 기분이 좋아요."

차분하게 유품을 정리하면서 주인은 반려동물의 죽음을 현실로 받아들이기도 한다. 남아 있는 유품에서도 회복의 에너지를 얻을 수 있는 것이다.

또 연예계에 데뷔한 무렵부터 키웠던 애묘 '퀸시'를 잃은 단 미쓰 씨(제9장)는 집 안 청소의 효과를 강조했다. '펫 로스를 완화하는 방법이 있을까요?'라는 나의 질문에 그녀는 이렇게 대답했다.

"저는 지금 청소에 열을 올리고 있어요. 집 안을 깨끗이 하고 나면 제 마음도 좀 차분해지거든요. 제 마음이 산만하면 집 안도 어지러워서, 이대로 집을 떠나 어딘가로 가면 편해질지도 모른다는 기분이 들어요. 집 안을 깨끗이 치우고 나면 그런 기분이 잘 들지 않거든요."

나의 경험을 포함해, 수긍이 가는 대답이었다. 펫 로스가 무서운 이유는 슬픔의 나락에 계속 빠져 있다 보면 '이대로도 살아지네' 하고 느끼게 된다는 점이다. 너저분하게 정리되지 않은 집 안은 그런 상태에 스스로 빠지게 되는 '무대장치'로 작용할 수도 있다. 반대로 깨끗하게 정리된 집 안에서 슬픔과 비탄에 마냥 빠져 지내기는 의외로 어려울 듯하다. 집 안을 깨끗이 청소하면서 어지러운 마음을 끊어 내는 단 미쓰 씨의 방법은 매우 실천적이라고 생각한다.

'실천적'인 면에서는 반려동물 전문학교에 다녔다는 Naa 씨도 떠오른다. Naa 씨는 이대로 가면 자신이 심각한 펫 로스에 빠질 위험성이 있다는 것을 깨닫고, 과감하게 행동에 나섰다.

"어렸을 때부터 동물을 좋아해서 여러 아이를 키웠어요. 하지만 이렇게 잠깐 함께하다 떠난 경우는 처음이라서, 마음의 준비가 안 되어 있었어요. 며칠 지나니까 마음은 비교적 안정을 되찾았는데, 집에 들어가기가 싫어졌습니다. 벨이 사용하던 것들을 정리하지 못해 그대로 놔둔 탓에. 결국 추억만 남은 집에 있자니 너무 스트레스가 심해서 이사하기로 결심했어요. 이사한 후에는 시간이 흐르면서 받아들일 수 있게 되었습니다."

슬픔이 장소와 연결되어 있는 이상, 장소 자체를 바꾸는 '이사'도 슬픔에서 벗어나는 한 방법일 수 있겠다.

인형이나 유품으로 제작한 액세서리를 어루만진다

펫 로스는 심리적 상실감과 물리적 상실감이 양쪽으로 엄습하기 때문에 무서운 것이다. 특히 이제는 안을 수도 없고, 쓰다듬어 줄 수도 없다는 현실에 물리적으로 큰 타격을 입는다.

애견 '베베(프렌치 불도그)'를 잃은 가미누마 에미코 씨(제8장)는 이제는 없는 베베의 빈자리가 얼마나 큰지를 이런 말로 표현했다.

"아무리 괴로울 때도 그 아이를 만지면 숨을 깊이 들이쉴 수 있었어요. 그런 아이가, 지금은 없습니다. 그 아이를 쓰다듬다 보면 (눈물을 글썽이며 가슴을 쓸어내린다), 꽉 막혔던 여기가, 숨이 탁 트이면서……. 이 손으로, 얼마나 쓰다듬고 만지고 했는지……."

지금 이렇게 글로 옮겨 적기만 하는데도 가미누마 씨의 슬픔이 시공을 뛰어넘어 전해지는 말이다. 가미누마 씨는 이 물리적 상실감에 대처하기 위해 인형을 샀다고 한다.

"어이없을 만큼 화려한 곰 인형을 보고는 사고 말았어요. 그리고 베베의 목걸이를 걸어 주고는 껴안고 잤습니다. 개가 아니라 곰 인형이었어요(웃음). 누가 보면 좀 이상한 사람이라고 여길 수도 있다는 건 잘 알지만, 베베와 감촉이 좀 비슷해서. 그 곰 인형을 껴안고 있으면 마음이 좀 가라앉아요."

앞에서 소개한 미유키 씨도 인형에게 위로를 받았다고 한다.

"내 곁을 떠난 개와 조금 비슷한 인형을 사서(떠난 직후에 너무 닮았으면 오히려 슬픔이 더하니까 좀 비슷한 정도가 좋은 것 같아요), 생각나면 쓰다듬고 말을 걸고 그랬어요. 남들 눈에는 어이없게 보일 수도 있지만, 매일 하던 일을 하루아침에 할 수 없게 되는 것도 괴로우니까, 적극적으로 권합니다."

집 안 여기저기에 남아 있는 반려동물의 털과 유골, 손발 프린트 등의 유품으로 액세서리를 제작하는 사람도 많다. 앞에서 소개한 교코 씨는 애견의 유골을 조그만 케이스에 담아 놓고 "틈날 때마다 말을 걸어요(웃음). 함께 있는 것 같은 기분이 들거든요" 하고 말해 주었다.

형태가 있는 것을 품에 안고 말을 거는 등의 '매일 하던 일'을 전혀 할 수 없는 상실감을 인형이나 죽은 반려동물의 흔적으로 제작한 액세서리로 다소나마 메울 수 있다면 아주 의미 있는 일일 것이라고 생각한다.

사진이나 동영상을 많이 찍어 둔다

처음 키운 고양이를 '론다'라고 이름 지은 리타 씨(40대, 도쿄)에게 '그날'은 불쑥 찾아왔다.

"아무튼 영리한 아이였어요. 말도 많이 하고 어리광도 잘 부려서 고양이와 함께하는 생활이 얼마나 즐거운지를 가르쳐 준 존재였지요. 어떻게 하면 고양이와 즐겁게 살 수 있는지도 많이 생각한 덕분에, 저를 고양이 마스터로 키우기 위해 파견되었나 싶을 정도로 좋은 선생이었어요."

그런 론다가 어느 날, 집에서 일하는 리타 씨 무릎에서 잠이 들었나 했는데 갑자기 고통스러워하더니 그대로 짧은 신음을 뱉고는 숨을 거뒀다.

"너무 갑작스러웠어요. 그나마 집에 있었고 내 무릎에서 자고 있을 때였기 때문에 마지막 순간을 함께할 수 있었죠. 정말 충격이 컸지만, 마지막 순간을 함께했다는 게 그나마 위안이었습니다."

그리고 펫 로스에서 벗어나는데 유효했던 방법도 구체적으로 써 주었다.

"론다가 떠난 다음에 가장 멋진 사진을 뽑아서 액자에 담고, 그 액자를 제일 눈에 잘 띄는 곳에 뼈 항아리와 함께 놓아두었어요. 액자를 볼 때마다 '여기 있다' 하고 생각합니다."

론다를 모르는 나도 의기양양한 사진 속 모습이 눈앞에 떠오르는 듯하다.

내가 취재한 결과만 봐서는, 반려동물이 죽은 후에 그 사진이나 동영상을 보면서 위로를 받는 사람이 있는가 하면 아예 보지 못하는 사람도 있는 듯하다. 나 자신은 동영상을 보면서 치유되기도 했는데, 사진을 볼 때는 슬픔이 더한 경우가 많았다. 아내는 사진은 물론 한동안은 동영상도 전혀 보지 않았다. 개인차가 있다고밖에 할 수 없겠는데, 나는 동영상 속의 민트 모습을 보면서 흐뭇하게 웃기도 하는 등 슬픔이 완화되는 것을 느꼈다. 이 점에 대해 하마노 씨는 이렇게 말했다.

"그런 경우는 처음 듣습니다. 연구에 협조해 주십사 부탁드리고 싶을 만큼 흥미롭군요. 사진은 순간을 포착한 것이라 반려동물의 리액션이 없기 때문에 보는 쪽의 슬픈 감정이 그대로 투영되는지도 모르겠군요. 반면 동영상은 (반려동물과 그 자리에 있었던 사람의) 리액션이 있어서, 그 장면의 즐거웠던 분위기와 감정을 추체험할 수 있다는 이점은 있을 수 있겠죠. 아무튼 펫 로스는 각기 대처하는 방법이 다르지 않나 합니다."

Acco 씨(40대, 홋카이도)는 요크셔테리어 '리틀'을 잃었다.

설문 조사의 '지금 반려동물을 키우는 사람들에게 전하고 싶은 말' 항목에 이렇게 답변했다.

"행복하고 좋은 추억을 많이 만드세요. 그리고 사진과 동영상도 많이 남기는 게 좋아요. 추억 자체도 보물이지만, 반려동물이 떠난 후에 사진과 동영상을 보면서 행복했던 날들을 돌아보는 것도 멋진 일이라고 생각합니다. 기억은 시간이 흐르면 잊히잖아요."

옳은 말이라고 생각한다. 사진과 동영상은 그 아이가 이 세상에 살았다는 증거이다. 사망한 직후에는 보기가 어렵겠지만, 언젠가는 추억으로 마음을 어루만지게 되는 때가 반드시 온다. 그때를 위해 사진과 동영상은 많이 찍어 두는 편이 좋다. 나도 민트의 동영상을 더 많이 찍어 둘 걸 그랬다. 후회가 막심하다.

'어떻게 하면 펫 로스를 이겨 낼 수 있을까?'

새로운 반려동물을 맞는 해결법도 있지만, 이는 공개적으로 말하기가 좀 껄끄럽다. 설문 조사에서도 새로 들인 반려동물로 펫 로스를 이겨 냈다는 사람이 있는 반면에, '그렇게 슬픈 일은 다시 겪고 싶지 않아 지금은 반려동물을 키우지 않는다'고 답한 사람도 있었다. 물론 어떤 방법이 되었든 항상 옳은 것은 없다. 이 점에 대해서는 현재의 내 생각과 함께 마지막 장에서 다루려고 한다.

제11장　새로운 반려동물을
맞는다

지금 글을 쓰고 있는 내 발치에 개 한 마리가 있다.

민트가 죽고 1년이 지날 즈음, 아내와 개를 새로 맞자는 얘기를 나누게 되었다.

펫 로스에 관해 '반려동물을 잃은 슬픔을 치유하려면 궁극적으로는 새로운 개를 맞는 방법밖에 없다' 하는 말을 흔히 듣는다. 하지만 나는 민트를 잃은 후 한참이나 새로운 개를 맞자는 생각은 아예 못했다. 새로운 개를 바로 맞아들이는 것은 반려동물을 물건 취급하는 격이라는 생각도 있었고, 민트에게 미안하다는 기분도 있었다. 그리고 무엇보다 그럴 만한 기력도 체력도 없었다.

새로운 아이를 바로 맞을 수 있을 만큼 기력도 체력도 남아 있는 사람이라면 해결법의 하나가 될 수도 있겠지만, 그 행위는 마음에 뻥 뚫린 구멍을 그대로 둔 채 새로운 구멍을 파기 시작하는 것이나 다름없을 수도 있다.

다시 말해서, 마음에 뚫린 구멍을 '메우는 시간'이 필요하고, 그 시간이 곧 그리프 워크의 단계를 밟는 과정이 되는 것이다. 제1장에서 말했던 대로, 그리프 워크는 개인차가 있기 때문에 반드시 단계적이고 직선적으로 진행되는 것은 아니다.

펫 로스로 얻은 인간적 성장

민트를 떠올릴 때마다 가슴이 찢어지는 듯했던 감각은 석 달 정도 계속되었다. 석 달이 지나고 반년이 지났을 때쯤에는, 눈빛이 사라진 채 누워 있는 마지막 모습으로만 가득했던 민트의 기억 속에서 즐거웠던 기억, 행복했던 순간이 깊은 샘에서 솟아오르는 샘물처럼 하나둘 떠오르게 되었다. 그리고 나 자신의 경험을 바탕으로 취재를 시작하면서, 결과적으로 그리프 워크는 순조롭게 진행되었다.

앞에 소개한 하마노 씨는 펫 로스는 주인에게 인간적인 성장을 가져온다고 한다.

"그리프 워크의 과정에서 반려동물이 주인에게 선사해 준 것을 되새기고, 생명의 소중함을 실감하면서 타인의 슬픔에 공감하는 능력이 신장됩니다. 그런 경험은 그 후의 인생에 값진 거름이 되지요. 심리학에서는 이를 '포스트 트라우마틱 그로스post-traumatic growth(외상 후 성장)'라고 하는데요. 이토 씨가 자신의 펫 로스 경험을 글로 써서 활자화함으로써, 유사한 경험을 지닌 사람들에게 도움을 주려 한 것도 역시 성장의 하나라고 할 수 있죠. 제가 연구한바, 반려동물에게 쏟은 애정이 깊으면 깊을수록, 반려동물과 맺은 연대가 강하면 강할수록, 잃은 후에 오는 성장도 크고, 또 회복 과정도 순조로운 경향이 있더군요."

민트의 죽음을 통해 내가 인간적으로 성장했는지는 장담할 수 없지만, 한 가지 깨달은 것은 있다. 그것은 '왜 나보다 빨리 죽는다는 걸 알면서도 반려동물과 함께하려 하는가'에 대한 대답이다. 그 대답은 아주 단순하다. 반려동물이 선사해 주는 수많은 기쁨은 반려동물이 없어서는 아예 존재하지 않는 것이기 때문이다. 마지막 이별의 슬픔으로 반려동물과 함께한 행복한 시간이 일시적으로 가려지지만, 그 시간이 없어지는 것은 아니다. 그리고 새로운 반려동물을 맞았다고 해서, 앞서 떠난 반려동물과 쌓아 온 시간이 사라지는 것도 아니다.

그리프 케어 어드바이저 아베 씨는 '반려동물과의 만남은 필연의 기적'이라고 말한다.

"그 아이와의 만남으로 인해 주인의 인생은 크게 변합니다. 얼굴에 웃음이 끊이지 않는가 하면 걱정거리도 적지 않은 자극적인 일상이 계속되죠. 한편 '이 아이가 없어지면 나는 어떻게 될까' 하는 생각도 합니다. 다시 말해서 반려동물이 건강할 때부터 실은 그리프가 시작되는 것이죠. 하지만 그건 자연스러운 일이에요. 그러다 끝내는 마지막 이별의 순간이 찾아와 엄청난 그리프를 경험하게 되지만, 그때 주인을 버티게 하는 것은 서로가 치유하며 주고받은 행복한 시간입니다. 그 시간이 그 아이를 만나지 않았더라면 절대 생길 수 없는 시간이었다는 것을 깨달으면, 펫 로스로 인한 슬픔에서 회복으로 돌아서는 힘을 얻을 수 있어요."

오스트리아의 저명한 동물행동학자 콘라트 로렌츠는 그의 저서 〈인간, 개를 만나다〉에서 반려동물을 잃은 슬픔 때문에 새로운 반려동물을 맞을 용기를 내지 못하는 주인에게 이런 말을 남겼다.

'나는 피할 수 없는 마지막 이별을 두려워하는 나머지 새 개를 맞기를 주저하는 감수성이 풍부한 사람들을 전면적으로 비난할 수는 없다. 그들을 전혀 비난하지 않는가? 그렇다, 나는 그럴 생각은 없다. 그러나 인간 생활에서 모든 기쁨은 슬픔으로 보상되지 않으면 안 된다. 로버트 번즈(스코틀랜드의 국민 시인)도 이렇게 읊지 않았던가.

기쁨은 활짝 핀 양귀비꽃 같으나

꽃을 꺾으면 꽃잎이 떨어지니

강물에 떨어진 눈송이처럼

한때는 하얬으나, 영원히 녹아 버리니

—로버트 번즈, 템 오셴터 Tam O'Shanter

늦든 이르든 운명이 계산서를 들이민다. 그 지불이 두려워서 인생에 허락된 윤리적이며 정당한 몇 가지 즐거움을 단념하는 인간을, 나는 기본적으로 게으름뱅이라고 생각한다.'

'게으름뱅이'라는 말이 뭐라 말할 수 없이 통렬하다. 하지만 내가 새로운 개를 맞으면서 마음속으로 의식했던 말인 것도 틀림없다.

보호견을 맞는다

새로운 개를 맞아들이자고 결정했을 때, 아내와 나는 이번에는 가능하면 시설에서 보호 중인 아이를 데려오자고 생각했다.

'보호견'은 시설에서 일시적으로 보호하고 있는 개를 말한다. 현재 내가 살고 있는 홋카이도에도 보호 시설이 몇 군데 있다. 시설의 홈페이지를 보면 입양자를 모집 중인 개와 고양이들 사진이 올라와 있다. 보호견을 데려오자고 마음먹은 후에는 틈날 때마다 홈페이지를 살펴보았다. 그러던 어느 날, '인정 NPO법인 HOKKAIDO 꼬리들의 모임(홋카이도 나가누마초)'의 홈페이지에서 마음에 드는 강아지를 발견했다.

이름이 '웰'인 그 강아지의 사연은 이렇다.

'꼬리들의 모임'에서는 몇 년 전부터 홋카이도의 동북쪽 다키노우에초에서 번식해 문제가 되고 있는 들개 떼를 보호하는 활동을 펼치고 있었다. 그렇게 보호한 어미 개가 2021년 1월 12일, 시설에서 새끼 여섯 마리를 낳았다. 각각 '저니' '니아' '아리' '투' '웰' '루브'라고 이름을 지어 주고, 5월의 황금연휴 전에 입양자를 모집하기 시작했다. 그런데 형제 중에서 가장 겁쟁이에 인간 적응 훈련에도 시간이 걸렸다는 '웰'만 남았다.

내가 '웰'에게 끌린 이유는 그 혼자 남아 가엾다는 느낌도 있었지만, '웰'의 모습이 민트와 비슷하기 때문이었다. 양쪽 다 잡종에, 민트는 하얀 바탕에 검은 점이 있는 얼룩이었는데, 웰도 비슷하게 하얀 털(나중에 알았는데 등에 밀크티처럼 약간 갈색 무늬가 있었다)이었고, 무엇보다 그 눈이 민트를 꼭 닮았다.

그 시점에는 새로운 개가 우리 집에 올 수도 있다는 가능성을 반신반의하면서 다소 망설이는 감도 있었지만, 인연이 있다면 이어지겠지 하는 식으로 생각을 정리했다.

보호견을 데려올 때는 우선 시설을 방문해 개를 직접 만나 서로 알아 가는 시간을 갖는다. 직원과 함께 같이 산책을 하거나, 보호 시설에 따라서는 시험 삼아 같이 생활하는 기간을 몇 주간 주는 곳도 있다.

사전에 '겁쟁이'라고 들었는데, 첫 대면에서 웰은 약간 짖기는 했지만 의외로 피해 다니지 않았다. 아내의 가방에 달린 동그란 목제 액세서리에 관심을 보이고는 다가왔다. 쪼그리고 앉아 목덜미를 살짝 안아 주자, 긴장하면서도 얌전하게 있어 주었다.

그 순간, 이 강아지와 앞으로의 인생을 함께할지도 모르겠다는 예감 비슷한 것을 느꼈다. 동시에 이 강아지의 '견생'을 아내와 둘이 책임져야 한다는 무게감도 어깨를 짓눌렀다.

그다음, 시설 주변을 30분 정도 산책했다. 시설에서 한 걸음 밖으로 나서자 웰은 과연 '겁쟁이'답게 뒤따라오는 직원만 돌아보면서 앞으로 나아갈 줄을 몰랐다. 민트는 산책을 무척 좋아했기 때문에 그 격차에 다소 당황했다.

산책을 하고 돌아오자, 직원이 웰을 정식으로 입양할 의사가 있느냐고 물었다. 바로 "잘 부탁드립니다" 하고 대답했다. 우리보다 먼저 만나 입양 의사를 밝힌 커플이 두 쌍 있어, 우리까지 세 쌍이 되었다. 그 가운데서 반려동물의 사육 환경이나 조건, 웰과의 궁합 등을 고려해 직원들이 의논해서 한 쌍을 선별하는 절차가 남았다.

이틀 후 '꼬리들의 모임'에서 전화가 걸려 왔다.

"웰의 입양자를 이토 씨로 결정했습니다."

민트의 죽음으로 정지된 상태였던 우리 인생의 일부가 다시 움직이기 시작하는 소리가 들리는 듯했다.

다시 시설을 찾아가, 입양 전 설명을 듣고 웰과 함께 두 번째 산책을 했다. 그리고 며칠 지나 시설 직원이 우리 집으로 찾아와 주변을 포함한 사육 환경을 점검했다.

죽은 아이가 새로운 아이를 데려다준다

이렇게 처음 만난 지 불과 일주일 만에 웰은 정식으로 '우리 아이'가 되었다. 이름은 털빛이 하얘서 아이누어로 '하양'을 뜻하는 '레타라'로 다시 지었다. 새로운 개를 맞기로 결정한 지 한 달이 채 안 되는 사이에 질풍처럼 전개된 입양 과정에 다소 어안이 벙벙한 한편 전에 아베 씨에게 들었던 말이 떠올랐다.

"먼 길 떠난 반려동물은 비록 몸은 이 세상에 없어도 주인을 행복하게 하는 역할은 잊지 않고 계속합니다. 그리고 비통한 시간을 견뎌 내고 앞날을 향하게 된 주인에게 그들이 선택한 새로운 아이를 데려다주지요. 그러니까 민트도 머지않아 이토 씨에게 새 동생을 데려다줄 거예요. '생명의 바통 터치'가 이루어져, 새로운 아이와 펫 라이프를 꾸려 가는 가운데, 행복이 다시 돌아오고 민트를 잃은 슬픔도 치유될 겁니다."

　레타라를 맞아들이고 보니, 아베 씨의 말이 정말 옳았다 싶어 감탄스러웠다.

　보호견은 보통 태어나고 자란 환경에 따라 성격이 모두 다르다. 레타라는 어미 개가 거의 야생견에 가까운 들개였기 때문에 자연계에 없는 것은 기본적으로 무서워한다. 그래서 동네 공원 산책도 레타라에게는 큰 모험이었다. 자동차는 물론 자전거와 유모차, 스케이트보드, 아이들, 소화전, 심지어 우산을 펼치는 소리까지……인간 세상의 사소한 자극에도 놀라고 당황해서 리드를 뿌리치면서 도망치려고 했다. 그 움직임을 도저히 예측하기 어려워, 때로는 '탈주 미수'까지 가는 일도 있어 등골이 서늘해지곤 했다. 그 정도 어려움은 각오하고 있었지만, 민트와는 너무 달라 그저 놀랄 따름이었다.

　그래도 시간이 지나면서 전에는 무서워하던 것도 힐금거리며 지나갈 수 있게 되었고, 겁을 먹으면서도 대상을 신중하게 관찰하고 위험한지 아닌지를 하나하나 판단해 나갔다. 그러다 보니 아내와 마주 보며 "혹시 우리 레타라, 진짜 영리한 거 아니야?" 하는 일이 잦아졌다.

　이는 동시에 '애견가'를 자처했던 나 자신의 개에 대한 오해를 깨

닿는 경험이기도 했다.

가령 혼자 길을 걷다가 남의 집 개가 이쪽을 빤히 쳐다보면 지금까지는 '내가 개를 좋아하는 걸 아나' 하면서 다가가 눈을 맞추기도 하고 슬쩍 만져 보려고 했는데, 지금은 꾹 참는다.

적어도 레타라는 쓰다듬어 달라는 뜻으로 인간을 쳐다보지 않는다. '너, 누구야?' 하고 경계하면서 가만히 관찰한다. 그런 때 불쑥 누군가가 손을 내밀면, 그 손은 그에게 공포의 대상일 뿐이다.

그러나 그렇게 인간을 경계하면서도 한 번 마음을 허락한 사람은 절대 잊지 않았다. '꼬리들의 모임'에 한 번 데려갔을 때, 온몸을 다해 반가움을 표현하며 직원들에게 달려가는 모습은 한없이 보고 싶은 광경의 하나였다.

우리는 자칫 인간의 시점에서 개의 감정과 기분을 판단하려는 경향이 있는데, 개에게는 개의 행동 규범이 있고, 행복의 기준이 있다. 레타라를 보다 보면 그런 당연한 것들을 새삼스럽게 깨닫게 된다. 그리고 레타라의 사소한 표정이나 몸짓을 보며 민트와의 공통점을 찾아내는 등 민트와 레타라를 동일시하다 보니, 슬픔으로 봉인되어 있던 민트와의 추억을 '정말 좋은 아이였지' 하며 돌아보는 시간이 점차 늘어났다. 그러니 레타라를 맞은 탓에 민트와 쌓았던 시간이 사라지는 것은 아니었다. 생각이 거기에까지 미치자, 그렇게나 닮았다고 여겼던 민트의 모습을 레타라에게서 찾아내기가 어려워졌다. 참 신기한 일이다. 민트는 민트이고, 레타라는 레타라라는 당연한 사실을 이제야 깨달은 것이다.

목줄을 하지 않은 대형견에게 물려 죽은 애견

반려동물을 잃은 슬픔을 새로운 아이를 맞아 치유하는 방법에 회의적이었던 나도 이렇게 긍정적으로 바뀌어 갔다고 할 수 있다.

그러나 나의 경험만으로 그렇게 바뀐 것은 아니다.

'개와 고양이와 함께 살면서 행복하게'라는 캐치프레이즈를 내건 사이트 〈멍냥 하트〉의 부편집장, 고토 씨의 체험은 더없이 처절하다.

2020년 4월, 고토 씨는 9개월 된 애견 '파파(요크셔테리어)'를 데리고 삿포로 시내에 있는 음식점을 찾았다.

"코로나 때문에 내일 어쩌면 '긴급사태'가 선언될지도 모르는 시기였어요. 그래서 그 전에 마지막이라 치고 친구를 만나기로 했거든요."

주문을 하고, 기다리는 동안 친구에게 잠시 파파를 산책시키고 오겠다고 말하고 고토 씨는 가게 문을 나섰다. 그때 잘 보이지 않는 곳에서 '검은 덩어리'가 갑자기 튀어나왔다.

"웡! 웡!"

우렁차게 짖으면서 파파를 덮친 개는 그 가게에서 키우는 대형견으로, 목줄을 하지 않은 상태였다. 그다음, 고토 씨 기억에는 땅바닥에 인형처럼 내던져진 파파의 모습밖에 남아 있지 않다.

"안아 올렸더니 목이 축 늘어지고, 눈은 허여멀겋고 혀가 쭉 빠져나와 있었어요. 대체 무슨 일이 생긴 건지 이해할 수 없었습니다."

뒷목을 만져 보니 물커덩한 부드러운 감촉이 느껴졌다. 그 순간, 모든 것을 알았다.

"파파! 파파! 하고 절규했던 목소리가 아직도 귀에서 맴돌아요."

가게에서 대형견의 주인인 남자가 뛰쳐나와 개를 때렸다. 그리고 축 늘어진 파파를 보더니 다급하게 말했다.

"아직, 살아 있어요!"

곧바로 친구의 차를 타고 병원으로 향했다. 그러나 고토 씨의 품 안에서 파파의 가슴이 세 번 오르내리더니 끝내는 멈추고 말았다. 동물 병원에 도착했지만, 수의사가 땀을 뻘뻘 흘리면서 심폐소생술을 실시하는 모습을 악몽을 꾸는 기분으로 바라보는 것밖에 할 수 없었다.

"선생님, 그 치료, 어느 정도나 할 가치가 있나요?"

고토 씨는 자신도 모르게 그렇게 물었다. 파파의 생명의 빛이 이미 꺼졌다는 것을 누구보다 잘 알고 있었기 때문이다. 의사는 말없이 고개를 저었다.

"그 후의 제 생활은 완전히 달라졌습니다. 매일 밤 조그만 뼈 항아리를 안고 울었어요. '그날, 외출을 하지 않았더라면……', '좀 더 주의했더라면……', '차라리 우리 집에 오지 않았더라면'. 상실감과 죄책감과 후회가 끝없이 밀려와 거의 폐인처럼 숨을 쉬는 것밖에 하지 못했습니다. 그때까지의 인생에서 가장 힘겨운 시간을 보냈어요."

회사의 상사는 고토 씨의 상황을 충분히 이해하고, 일주일간 휴가를 주었다.

"지금 생각해 보면, 현실과 마주하게 된 그 일주일이라는 시간이 정말 중요했던 것 같아요."

그리고 고토 씨는 다시 일어섰다.

이번 사고는 전적으로 대형견이 목줄을 하고 있지 않아 생긴 것이었다.

"파파의 죽음을 헛되이 할 수 없었습니다."

고토 씨는 목줄을 하지 않은 대형견에 의한 살상 사고에 대해 조사하면서 다시 미래로 향했다. 의외로 그런 사고가 빈번하게 발생한다는 것을 알았다. 게다가 피해자들은 사고의 충격으로 먹지도 자지도 못하고 울며 지내는 일이 많았다.

"반려동물의 주인에게 애견은 둘도 없는 가족이지만, 법률상으로는 '사물'이고 사망사고 또한 '손괴'로 취급됩니다. 그런 현실 앞에서 대부분의 피해자는 절망한 나머지 재판을 통해 가해자에게 책임을 물을 기력마저 잃고 말아요."

그러나 고토 씨는 마냥 울고만 있지 않았다.
"마침 신형 코로나 관련 생활자금이 10만 엔 지급된 시점이었어요. 그래서 그 10만 엔을 손에 쥐고 변호사 사무실을 찾아갔습니다."
우연이지만 보더콜리를 키우는 애견가 변호사가 사건을 담당하게 되었다. 고토 씨의 얘기를 들은 변호사는 '도저히 용납할 수 없는 일'이라고 하면서 적극적인 협조를 약속했다.

한편 대형견에게 목줄을 채우지 않은 주인의 대응은 불성실하기 짝이 없었다. 사건 발생 후에 가게 주인의 아내로부터 편지가 왔지만, 대형견에게 목줄을 채우지 않아 발생한 비극에 책임을 인정하고 사죄하는 말은 없었다.

고토 씨는 변호사를 통해 자신들의 잘못을 인정하고, 앞으로 목줄을 반드시 채우도록 대형견의 사육방식 개선을 요구하는 내용증명을 몇 번이나 보냈다. 그러는 사이에 가게 주인의 아내로부터 또 편지가 왔다.

'불행한 일을 겪으신 와중에 개와 관련된 일을 하시는 모습에 감동하고, 존경을 표합니다. 그러나 진정한 애견가 중에는 사람을 그토록 원망하는 사람이 없는 법이지요.'

변호사도 '과거의 판례를 따라 위자료 10만 엔에 합의'를 운운하기에 이르자 고토 씨는 이렇게 답장을 보냈다.

'당신들, 정말 사람인가요? 자신의 개가 그런 사고를 당했다면, 똑같이 말할 수 있나요? 정말 아무도 원망하지 않을 수 있나요?'

결국 수긍할 수 있는 결과는 아니었지만, 파파의 죽음으로부터 석 달이 지나 합의에 이르렀다고 한다.

고토 씨 일화를 통해 내가 놀란 것은 애견을 그토록 비극적으로 잃은 상황에서, 그리고 그 충격이 가장 심각했을 시기에 고토 씨가 싸웠다는 점이다. 어떻게 그럴 수 있었을까.

"싸우지 않으면 평생 후회할 것 같았어요. ……그리고, 아무것도 하지 않고 집에서 혼자 넋 놓고 지내면 정신이 이상해질 것 같았습니다."

합의라는 형태로 사건은 일단락되었지만, 그렇다고 고토 씨가 이 사고로 입은 마음의 큰 상처가 치유되는 것은 아니다.

"역시 사고 순간의 기억이 되살아나서, 얼마나 자책하고 울었는지 모릅니다. 합의가 끝난 후에도 때로 가해견의 주인에게 분노가 치밀기도 하고. 좀처럼 충격과 슬픔에서 헤어날 수 없는 날들이 계속되었어요."

고토 씨는 지금까지 줄곧 반려동물 잡지의 편집자로 '인생을 개와 함께!' 하는 메시지를 외쳐 왔던 사람이다. 그래서 더욱이 새로운 개를 데려오자는 생각은 하고 있었다.

"그래도 새로운 개를 맞아들이자니 파파에게 너무 미안하고, 또 파파와 비교하지는 않을지 갈등이 심했어요. 그리고 또 언젠가는 반드시 찾아올 이별을 과연 견뎌 낼 수 있을까 하는 두려움도 있었습니다."

직업상, 개나 고양이와 함께하는 독자들의 생활을 접하면서 외로움은 다소 덜 수 있었다. 이대로 개가 없는 생활을 하게 되는 건가, 하고 생각한 때, 전에 파파를 양도해 준 브리더 A 씨로부터 연락이 왔다.

"파파의 엄마와 아빠가 새끼를 세 마리 낳았어요."

그 말은 파파에게 형제자매가 생겼다는 뜻이다. A 씨가 보내 준 사진을 뚫어져라 쳐다보던 고토 씨 눈에 한 아이가 쏙 들어왔다. 파파와 꼭 닮은 눈망울을 보면서 자기도 모르게 "어서 와" 하고 중얼거리고 말았다.

"파파와 함께 지냈던 그 즐거웠던 생활을 다시 한번 되찾고 싶다, 이 아이를 꼭 행복하게 해 주고 싶다는 생각이 절실하게 들더군요."

고토 씨는 그 아이 '미리'를 데려오기로 결심했다. 그리고 1년 남짓 지나자 데려올 당시에는 850그램이던 체중이 겨우겨우 1킬로그램이 되었다.

"성장이 무척 느렸어요."

고토 씨는 그렇게 말하면서 웃었지만, 미리는 그 작은 몸으로 고토 씨를 비롯한 가족 모두에게 잃었던 웃음과 기쁨을 되찾아 주었다.

"지금, 펫 로스로 고생하는 사람들에게 개와 함께 다시 한번 행복해지기를 바란다는 말은 함부로 할 수 없지요. 훈련을 시키는 것도 힘들고, 병에 걸리면 또 마음 아프고, 마지막 순간에는 몸도 마음도 찢어지는 듯한 슬픔과 대치해야 하잖아요. 하지만 미리와 함께 지내면서, 이렇게 인간을 올곧게 믿어 주는 존재는 달리 없다는 생각을 또 하게 되네요. 미리가 없었다면 나는 지금도 파파를 잃은 슬픔의 구렁텅이에서 몸부림치고 있었을 거예요."

고토 씨는 그렇게 말하고, 마지막에는 이런 말을 중얼거렸다.
"……하지만 파파가 죽지 않은 인생도 살고 싶었어요."

떠나간 반려동물을 잊기 위해서가 아니다

제11장을 통해 '반려동물을 잃은 주인은 바로 새로운 아이를 맞아들여야 한다' 하는 말을 하고 싶은 게 아니다. 새로운 아이를 맞아들이지 않더라도, 펫 로스의 슬픔은 대개 흐르는 시간과 함께 조금씩 치유되어 간다. 그것이 바로 그리프 워크이며, 또 그리프 워크의 과정은 반려동물이 죽기 직전부터 이미 시작되는 것이다. 그러므로 반려동물이 고령이 되면 머지않아 반드시 찾아올 상실의 슬픔에 어느 정도 대비하는 것도 가능하다.

그러나 고토 씨 경우처럼 불행한 사고 등의 갑작스러운 죽음으로 반려동물을 잃은 사람은, 통상적인 그리프 워크를 기대할 수 없다. 마음의 준비는커녕 아무런 방어막 없이 상실의 슬픔과 마주해야 하기 때문이다.

그런 경우에는 더욱이 새로운 아이를 맞는 것도 적극적으로 고려해야 하지 않을까 한다. 죽은 아이를 잊기 위해서 새로운 아이를 맞으라는 말이 아니다. 그 아이를 잃은 슬픔과 마주하면서 그 아이와 지냈던 행복한 나날의 기억을 되찾는 작업을 새로운 아이와의 생활이 도와줄 수 있기 때문이다.

레타라와 함께하는 지금, 나의 하루는 민트의 뼈 항아리를 안치한 제단에 향을 피우고 "오늘도 레타라를 잘 지켜 줘" 하고 중얼거리는 것으로 시작되고, 우리 부부의 침대에서 잠든 레타라에게 "와 줘서 고마워, 레타라" 하고 말을 거는 것으로 끝난다.

그러면 레타라는 작은 숨을 내쉰다. 마치 행복이 또르르 떨어지는 듯한 소리다. 매일 밤, 그렇게 생각한다.

이 책의 원고와 씨름하던 작년 여름의 어느 날, 담당 편집자인 니시 야스시 씨로부터 이런 메일이 전달되었다. 메일을 보낸 사람은 〈문춘신서〉의 편집부장 마에시마 아쓰시 씨였다.

'이와나미 문고의 〈에도 한시선 상〉을 읽다가, 천태종의 로쿠뇨라는 스님이 읊은 '사랑하는 후쓰린구의 죽음'이라는 시의 내용이 무척 감동적이었습니다. 에도 시대의 펫 로스다! 싶은 생각에 담당인 니시 씨에게 보냅니다.'

나는 글 쓰는 사람이 되기 전에 문예춘추에서 일했기 때문에, 마에시마 씨가 문춘 최고의 활자 마니아라는 것은 알고 있었지만, 개인적으로(아마도)는 한시도 읽는구나, 하고 놀라기보다 웃음이 나왔다. 이 자리를 빌려 당초 예정보다 마감일이 한참 늦어진 이 원고를 끈기 있게 기다려 주신 마에시마 씨와 니시 씨 두 분에게 사과와 감사의 말씀을 전하고 싶다.

아무튼 한시는 '천태종의 스님'인 로쿠뇨(1734~1801)가 숫강아지 후쓰린구를 장사치에게 산 장면에서 시작된다. 강아지가 스님을 잘 따라 스님도 무척 귀여워했는데, 3년 정도 지나자 병에 걸리고 만다. 그런데도 강아지는 스님의 얼굴을 보면 꼬리를 살랑거리며 기를 쓰고 고개를 쳐들었다. 곤혹스러움을 호소하는 듯 보여, 스님은 인간과 짐승 사이에 애정이 오갈 수 있다는 것을 처음 믿게 되었다. 결국 강아지는 죽었고, 스님은 강아지의 유해를 멍석에 싸서 묻어 주고 조그만 봉분을 만든 다음 위패를 세웠다. 한시는 다음과 같이 끝난다.

밤의 귀갓길 문간까지 맞으러 나오지 않을까 의심하고
목에 달린 방울 소리 울리지 않을까 귀를 쫑긋 세운다
마음이 개운치 않아 밥도 거의 먹지 못하니
종일 방석에 멀거니 앉아만 있다
식견이 뛰어난 사람은 내 이 어리석음을 웃으리니
하나, 이 마음이 인덕의 문 아니런가 하노라

오호! 정말 에도 시대의 펫 로스를 읊은 시다.

그런데 교토 쇼카쿠인의 주지까지 지낸 로쿠뇨가 사랑하던 개의 죽음을 애도하는 자신의 모습이 남들 눈에는 어리석게 보일 것이라 생각하면서도 슬픔을 부정하지 않는 점이 흥미롭다. 불교의 세계에서 이런 감정은 집착과 번뇌라 하여 끊어 내야 하는 것이라고만 알고 있었던 탓에 상당히 의외였다. 뿐만 아니라 로쿠뇨는 사랑하는 개의 죽음을 슬퍼하는 이 마음이야말로 유교에서 강조하는 덕목의 하나인 '인(자애)'의 길로 통하지 않겠느냐고 말하고 있다.

민트의 죽음을 계기로 3년에 걸쳐 펫 로스에 대해 취재했는데, 지금 뜻하지 않은 곳에 착지한 기분이다. 처음에는 펫 로스를 '극복'하는 방법을 찾을 생각이었지만, 애당초 펫 로스는 '극복'해야 할 것, 즉 끝내야 하는 것이 아니었다. 로쿠뇨의 말대로, 오히려 앞으로 걸어가야 할 길의 '시작'으로 파악해야 하는지도 모른다.

펫 로스는 극복되지 않는다. 펫 로스와 공존하면서 그 슬픔까지 자기 인생의 일부로 받아들이는 것 ─ 그것이 반려동물과 행복한 인생을 산 주인이 걸어야 할 길이라고 생각한다.

이런 가르침을 준 것은 설문 조사에 협력해 주신 45명의 '이야기'였다.

지면 관계로 전부를 소개할 수는 없지만, 사누키 씨, 유이 씨, chip 씨, 나유타 씨, 레이코 씨, 리타 씨, 오루이 씨, 유코 씨, Y 씨, 사호 씨, 오쿠마 씨, K 씨, 구로 씨, 스모 씨, 욘하치 씨, 메자키 씨, 구마자키 씨, 아카네 씨, 히에치무 고우메 씨의 어머니, Naa 씨, 교코 씨, 나쓰키 씨, 모치노스케 씨, masae 씨, 히즈마마 씨, 유키코 씨, Acco 씨, 히토 씨, 노리코 씨, 미나마마 씨, 요코 씨, tiaruby 엄마 씨, Rie 씨, 미유키 씨, 삿코 씨, 이누베 씨, 마론 씨, 고우코 씨, 아즈 씨, 로베 씨, 나쓰코 씨, 아쓰코 씨, 마리모엄마 씨, 기쿠치 씨, 아키 씨 등의 여러 분께 뭐라 말할 수 없이 감사드린다.

또 '옛 둥지'인 문춘의 여러 분과 SNS를 통해 설문 조사를 널리 홍보해 주신 〈멍냥 하트〉의 고토 하루카 씨의 협력이 없었더라면 이렇게까지 많은 답변을 얻을 수 없었을 것이라고 생각한다. 다시 한번 고마움을 전한다.

펫 로스를 경험하면서 한 가지 달라진 점이 있다.

지금 이렇게 레타라와 함께 지내는 시간이 얼마나 귀중한지를 매 순간 느끼고 있다는 점이다. 허튼소리가 아니다. 달리 표현하면, 그 하얀 털을 쓰다듬을 때, 새하얀 설원을 질주하는 모습에 매혹될 때, 침대에서 잠든 숨소리에 귀를 기울일 때, 언젠가는 레타라도 떠나간다고 생각하면 아련한 아픔을 느낀다. 그 아픔을 모르는 척하면서 레타라를 보면, 레타라는 또 레타라대로 어리둥절한 표정을 짓고는 나를 빤히 쳐다보고 있다.

그들 역시 제한된 삶의 시간을 우리와 함께 지내기로 선택한 것이다. 그렇다면 우리가 할 수 있는 것은 딱 하나.

지금 반려동물과 함께 사는 사람은, 집에 돌아가면 평소보다 좀 더 느긋하게 그들을 쓰다듬어 주었으면 한다. 행복에 형태가 있다면, 그것은 당신의 반려동물 모양일 것이다. 그 행복은 손으로 만질 수 있는 것이다. 시간과 함께 쌓이고 쌓인 감촉과 이어진 기억은 언젠가 찾아올 '그날' 후에도 당신에게 힘이 될 것이다.

나 역시 그랬다.

만 14년 동안 가족 누구보다 함께 지낸 시간이 많았던 반려견 루비가 언젠가는 내 곁을 떠나리라는 생각은 조금도 하지 못했다. 그래서 어느 날 갑자기 이상 증상을 보였을 때도 병원에 가서 검사를 받고 치료하면 아무 탈 없이 회복될 것이라 믿었고, 각종 검사를 한 다음 의사가 보인 소견도 내 믿음과 다르지 않았다.

일주일 동안 입원 치료를 받고 퇴원할 때만 해도 며칠 통원 치료를 하고 기력을 회복하면 루비와의 일상이 돌아올 것이라 믿었지만 그런 날은 결국 돌아오지 않았다. 통원 치료를 하는 며칠은 차를 타고 오가는 길을 힘겨워했고 약은커녕 밥도 잘 먹지 못했는데, 그리고 그 시간이 어쩌면 루비 나름으로 죽음을 준비하는 기간이었을지도 모르는데, 어리석은 나는 희망만 품고서 루비의 마지막을 함께하지 못했다. 기력이 없고 밥을 먹지 못해 다시 입원한 다음 날 새벽, 병원에서 연락이 와 급하게 달려갔을 때 루비는 이미 심폐소생술을 받고 있었다. 그 모습이 너무 고통스러워 보여 의사에게 가망이 없는 상태라면 더 아프게 하지 말라고 부탁했다.

이미 숨이 꺼진 루비의 몸을 안고서 얼마나 후회했는지 모른다. 긴 세월 함께해서 행복했었다는 말을 숨이 꺼지기 전에 해 주지 못한 것이 안타깝고, 가장 아프고 힘겨웠을 마지막 밤에 곁에 있어 주지 못한 것이 가슴 아프고, 고령견이니 회복이 어려울 수도 있다는 말은 단 한마디도 하지 않은 의사가 원망스럽고, 그런 의사 말을 듣고서 병원에 맡기고 집에 돌아온 내가 바보만 같았다.

시신을 수습한 후, 마음의 준비가 전혀 안 돼 있었던 탓에 루비의 온기가 사라진 집안이 삭막하게만 느껴지고, 해야 할 일이 있고 여전히 돌아가야 하는 일상이 버거웠다. 루비가 남기고 떠난 물건들도 정리하지 못하고 그 자리에 고스란히 놓아둔 채 속으로 눈물을 삭이며 이런 아픔은 두 번 다시 겪고 싶지 않아 다시는 반려동물을 키우지 않겠노라고 다짐했다.

돌이켜 생각할 때마다 그 마지막 밤 집에 데리고 오지 않은 것이, 품에 안고 그동안 고맙고 행복했노라는 말과 함께 따뜻하게 보내 주지 못한 것이 아쉽고 속상해서 울음을 삼켰지만 그래도 시간이 흘러 마음속에서도 떠나보낼 수 있게 되었을 즈음에야 루비 물건들을 하나둘 정리하기 시작하면서 애당초 반려견을 키우는 사람으로서의 나의 자세에 문제가 있었다는 반성이 찾아왔다.

　사람이 태어나서 때가 되면 숨이 다하듯 동물에게도 반드시 그런 날이 오고, 또 그런 날이 오기 전에 당사자도 주위 사람들에게도 마음의 준비와 더불어 실질적인 준비가 필요하듯, 반려동물을 키우는 사람 또한 마음의 준비와 사전 지식이 필요하다는 것을 뒤늦게 깨우친 것이다. 한 공간에서 함께 생활하며 웃고 화도 내고 귀찮아하기도 하고 행복해하는 등 수많은 감정을 공유하고 같이 누렸던 반려동물인 만큼 아무 준비가 없어 당황하고 허둥대고 타인에게 의지하느라 소중한 시간을 허투루 보내고 후회하기보다, 차분하게 각오를 다지고 남은 시간을 함께 하는 것이 반려동물의 입장에서도 가장 안심되고 편안한 마지막일 것이라는 당연한 사실을 아프게 경험하고서야 알게 된 것이다.

　지금 내 곁에는 열 살 된 고양이 두 마리가 어슬렁거리고 있다.

　루비가 떠나고서 반려동물을 두 번 다시 키우지 않겠다고 그렇게 다짐했건만 동물이 사랑스러운 건 어쩔 수 없다. 태어난 지 겨우 한 달 만에 우리 집에 왔으니, 어언 10년을 같이 살고 있는 셈이다. 한창 귀엽고 까불거리던 어린 시절과 훌쩍훌쩍 날아다니던 청년기를 지나 행동거지도 느릿느릿해진 장년의 나이다. 지금까지 아무 탈 없이 잘 지내고 있지만 고양이 나이 가 열 살이면 인간 나이로는 예순에 가깝다고 하는 데다 앞으로는 해마다 인간의 몇 배속도로 더 빠르게 나이를 먹는다고 하니, 당연히 찾아올 '그날'에 대비해 시간을 두고 조금씩 마음을 다져야 할 때가 온 듯하다. 물론 그러기 전에 함께 건강하고 스트레스 없이 평온한 노년을 지낼 수 있도록 여러모로 신경을 쓰겠지만, 어느 날 갑자기 이상 증상을 보이더라도 이제는 루비 때 겪은 아픈 경험을 살려 '그날'의 가능성까지 염두에 두고 대처하려고 한다.

'펫 로스'라는 용어는 아직은 다소 생소하다.

말 그대로 해석하면 '반려동물을 잃음'이지만 이 용어가 뜻하는 바는 반려동물을 잃은 주인이 그 상실감 때문에 겪게 되는 몸과 마음의 문제라고 할 수 있다.

그러니 인간의 삶에 '죽음'이 예정되어 있듯이, 반려동물을 키우는 주인에게 '펫 로스'는 예정되어 있는 과정이다.

〈언젠가 찾아올 그날을 위하여〉는 이렇게 이미 예정되어 있어 피할 수 없는 반려동물의 '죽음'과 그 때문에 사람이 겪을 수도 있는 '펫 로스'를 어떻게 하면 이겨 낼 수 있을지를 다양한 사례와 함께 구체적으로 소개하고 있다. 그 사례들 중에는 내가 루비 때 경험한 심신의 문제와 상당히 유사한 부분도 많아 절로 고개가 끄덕여질 만큼 공감되는 바가 컸다. 그뿐만 아니라, 앞으로 고양이 두 마리의 죽음을 앞두고 있는 반려동물의 주인인 터라, 어떤 마음가짐으로 '그날'에 대비하고 또 그 상실감으로 겪게 될 수도 있는 '펫 로스'와 어떻게 마주하며 '그리프 워크'의 과정을 차분하게 이겨 낼수 있을지에 대해서도 참고되는 사항이 무척 많았다.

그런 만큼 이 책은 앞으로 '펫 로스' 예비군들에게 더없는 훌륭한 길잡이가 되지 않을까 한다.

김난주

언젠가 찾아올 그날을 위하여 — 펫 로스

펴 낸 날		2024년 7월 5일 초판 1쇄
지 은 이		이토 히데노리
옮 긴 이		김난주
펴 낸 이		이태권
책임편집		정지원
북디자인		박은정
펴 낸 곳		소담출판사

서울특별시 성북구 성북로5길 12 소담빌딩 301호 (우)02880
전화 | 02-745-8566   팩스 | 02-747-3238
등록번호 | 1979년 11월 14일 제2-42호
e-mail | sodambooks@naver.com
홈페이지 | www.dreamsodam.co.kr

ISBN 979-11-6027-458-5 (03180)

• 책 값은 뒤표지에 있습니다.
• 잘못된 책은 구입하신 곳에서 교환해드립니다.